중학 영어의 결정적 단어들

저자 김경하

서강대학교 영문과를 졸업하고 American University에서 TESOL 석사학위를 취득 후, Stoddert Elementary School Volunteer 교사, Spring Hill Elementary School Volunteer 교사, YBM-Sisa Education 강사를 거쳐 현재 부모 및 교사 교육 강연과 영어교재 개발 중이다. 웅진씽크빅 유아 영어교재인 <Cookie Coo> 시리즈와 Bricks 영어 교재인 <Spotlight on Literacy>를 기획자문 및 집필하기도 했다.

대표 저서

<Sight Words 1, 2>, <Picture Descriptions>, <Book Reports>, <Journal Writing>, <초등 영어를 결정하는 영단어>, <초등 영어를 결정하는 영어표현>, <초등 영어를 결정하는 사이트워드>, <초등 5, 6학년 영어에서 놓치면 안 되는 것들> 등

중학 영어의 결정적 단어들 반의어

저자 김경하

초판 1쇄 인쇄 2023년 9월 1일
초판 1쇄 발행 2023년 9월 11일

발행인 박효상 **편집장** 김현 **기획・편집** 장경희, 김효정 **디자인** 임정현
교정・교열 진행 홍윤영 **표지・내지 디자인** Moon-C design **마케팅** 이태호, 이전희 **관리** 김태옥
종이 월드페이퍼 **인쇄・제본** 예림인쇄・바인딩 **녹음** YR미디어

출판등록 제10-1835호 **발행처** 사람in
주소 04034 서울시 마포구 양화로 11길 14-10 (서교동) 3F
전화 02) 338-3555(代) **팩스** 02) 338-3545
E-mail saramin@netsgo.com
Website www.saramin.com

책값은 뒤표지에 있습니다. 파본은 바꾸어 드립니다.

ISBN
979-11-7101-015-8 64740
979-11-7101-014-1 (set)

우아한 지적만보, 기민한 실사구시 **사람in**

중학 영어의 결정적 단어들

반의어

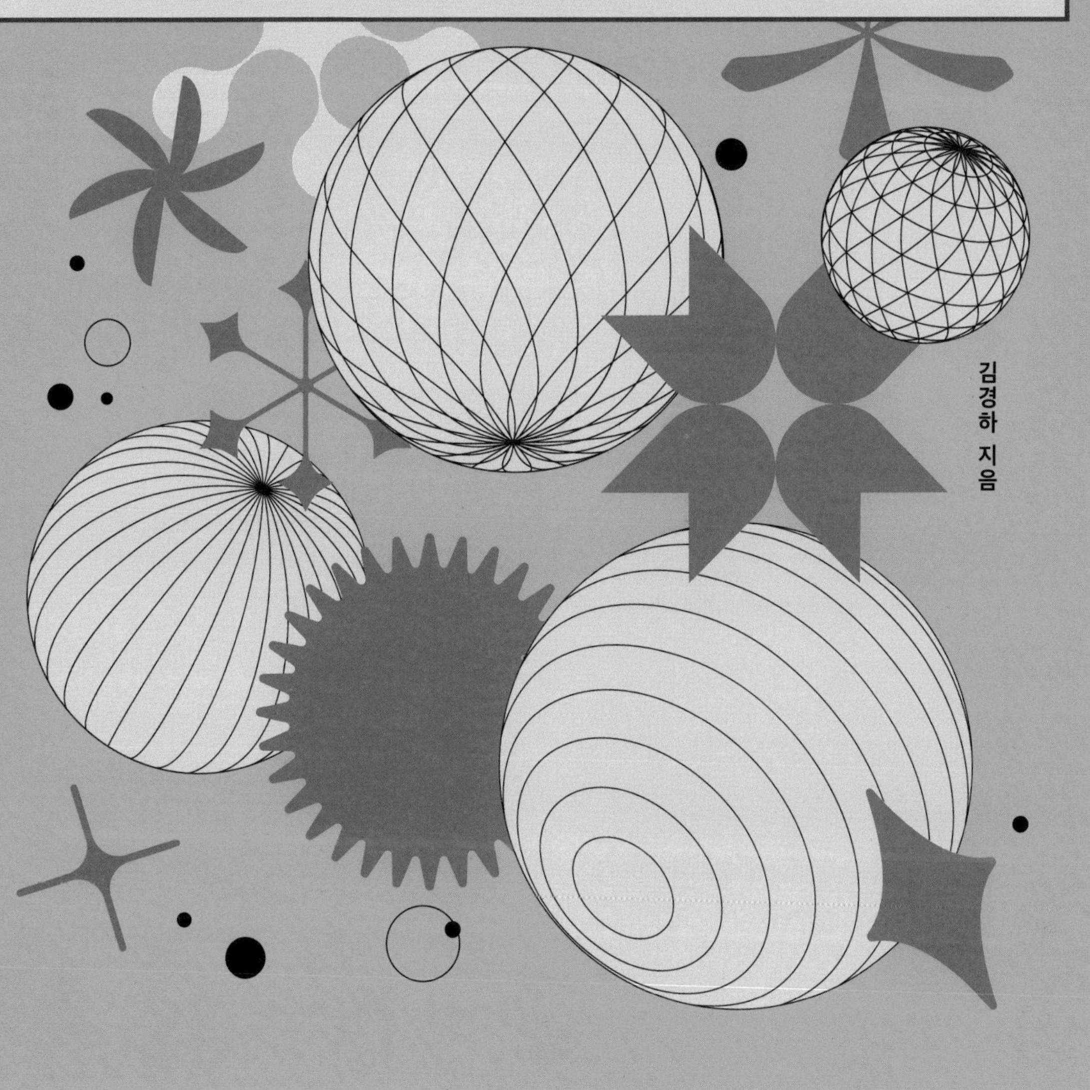

김경하 지음

사람in
saramin.com

바로바로 꺼내 쓸 수 있는
나만의 영단어 저장소 만들기!

외국어를 배울 때 가장 먼저 접하는 것은 단어입니다. 초등 저학년까지 영어 학습의 기초 단계에서 단어 공부는 가장 친하고 쉬운 영역이었을 겁니다. 하지만 초등 고학년 구간을 지나면서 부모와 아이가 가장 많이 부딪히는 부분이 의외로 단어입니다. 부모는 그냥 외우면 되지 않느냐며 아이의 게으름을 탓하고, 아이는 급속도로 늘어나는 단어의 수가 버거워집니다. 과연 이러한 단어 외우기 전쟁이 단지 아이가 열심히 하지 않기 때문에만 벌어질까요?

단어는 당연히 상황 속에서, 문장 속에서 배워야 가장 효과적입니다. 하지만 영어를 모국어로 쓰지 않는 우리 아이들에게는 쉽게 만들어 줄 수 없는 환경이죠. 그래서 우리 아이들에게는 단어를 기억하는 방법, 즉 단어를 저장하고 꺼내 쓰는 효과적인 방법이 필요합니다. 이 책에서는 그 첫 번째 방법으로 반대되는 이미지의 단어들을 묶어 연상작용을 통해 암기하는 법을 소개합니다.

기억에는 여러 가지 종류가 있습니다. 자전거 타기처럼 한번 입력되면 잘 잊히지 않는 것도 있지만 안타깝게도 단어 외우기는 지식에 관한 기억, 즉 '의미 기억'이라는 범주에 들어갑니다. 의미 기억은 반복적으로 자주, 노력을 통해 연상을 활용할 때 효과적으로 남는다고 알려져 있습니다.

이 책에서는 '연상'을 활용하는 방법을 통해 단어를 쉽게 외우게 할 뿐 아니라 아이들이 앞으로 수많은 단어들을 외워 나갈 때 스스로 이 방법을 적용할 수 있도록 훈련을 시킵니다. 아무런 연상작용 없이 알파벳 순서대로 혹은 무작위로 일정 수의 단어를 외우는 것과 비교할 때 기억을 저장하는 단계(storage)와 그것을 꺼내는 단계(retrieval) 모두에서 효과적인 방법입니다. 다양한 범주에서 연상하고 사고를 점차 확대해 가면서 자신도 모르는 사이에 훌륭한 단어 저장 방법을 습관들이게 되고, 바로 꺼내 쓸 줄도 알게 되는 것이죠.

이 책이 주고자 하는 것은 단지 880개의 단어가 아닙니다. 새 단어를 기존의 아는 단어와 연관 짓거나 경험이나 감정, 느낌에 연상작용으로 묶는 연습을 통해서 단어를 암기하는 최고의 방법을 습관으로 만드는 것이 목적입니다. 때문에 구성은 여타의 단어책들과 다릅니다.

① 이미 아는 단어들과 연상 짓는 과정이 필요하기 때문에 단어의 난이도는 상, 중, 하 골고루 들어가도록 했습니다. 매 유닛마다 초등 필수 단어와 중등 교과서 단어, 중등 고급 단어(비문학 관련 단어)가 각각 30~40% 정도의 비율로 들어 있습니다.

② 직접적인 연상작용부터 간접적인 연상작용까지 마인드맵을 그리듯 다양한 범주의 단어들을 만나도록 했습니다. 예를 들어, **하얀(white)**과 **눈(snow)**은 직접적이지만 **의사(doctor)**는 상대적으로 간접적인 연상의 범주에 들겠죠. 연상작용을 이용한 학습법은 단순한 반의어나 유의어 학습보다 넓은 의미라고 생각하면 좋습니다.

③ 연상작용을 통해 제시된 단어들은 다양한 퀴즈를 풀면서 자연스럽게 외워지도록 했습니다. 재미있고 다양한 액티비티 문제를 풀면서 지루하지 않게 단어를 익힐 수 있습니다.

④ 단어는 문장 속에서 만나야 한다는 원칙 또한 지켰습니다. 예문은 중등 교과서의 문형들을 기본으로 했으며, 쓰는 것을 점점 멀리하는 아이들이 많아지는 만큼 교재에 바로 쓰면서 문장 속에서 단어를 외우도록 했습니다.

영어 학습은 8할이 단어 암기라는 말이 있습니다. 영어 단어 외우기는 가장 기초적이고 필수적인 과정이지만 동시에 아이들에게는 가장 지루하고 힘든 과정이기도 합니다. 부모님들이 그 수고로운 시간을 인정해 주시는 것만으로도 아이들에게는 큰 힘이 됩니다. 거기에 이러한 다양한 암기법이 더해져서 조금은 그 짐이 가벼워지고 아이들에게 힘이 되기를 바랍니다.

김경하

구성 및 특징

연상을 통한 단어 정리와 암기 방법을 익히는 재미있는 단어 책!

챕터 열기

어떤 것을 주제로 연상되는 단어들을 배울지 미리 짐작해 볼 수 있다.

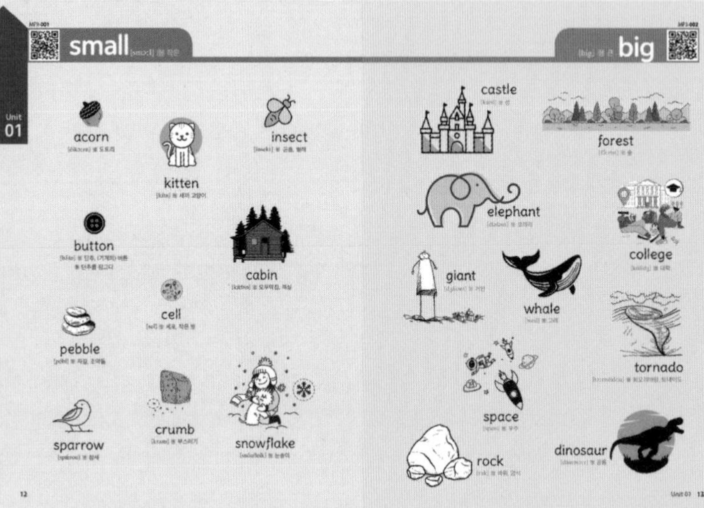

단어 만나기

상반되는 주제 단어 2개를 만나고, 각 단어를 통해 연상되는 10개씩의 새로운 단어를 그림과 함께 알아본다. 발음기호를 보며 원어민 발음을 듣고, 품사와 뜻을 눈에 익힌다.

Write the Words

단어가 문장 속에서 어떻게 활용되는지 원어민의 목소리를 들으며 귀와 눈으로 익힌다. 단어를 직접 써 보며 손의 감각으로도 기억한다.

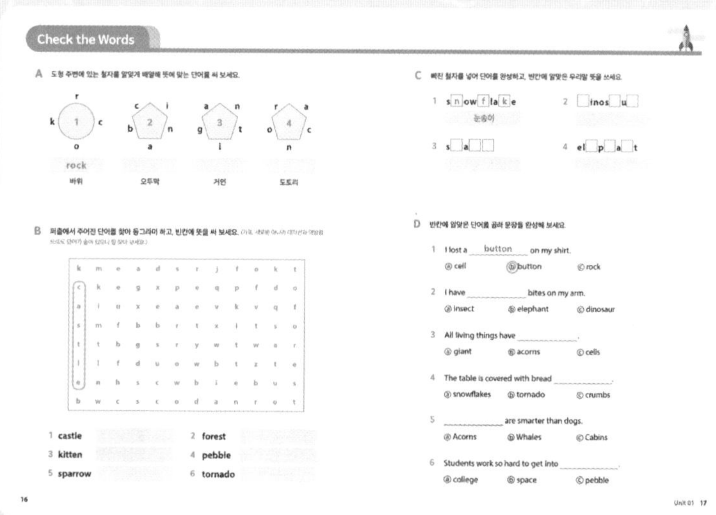

Check the Words

다양한 퍼즐식 문제를 통해
단어를 잘 이해하고 있는지 확인한다.

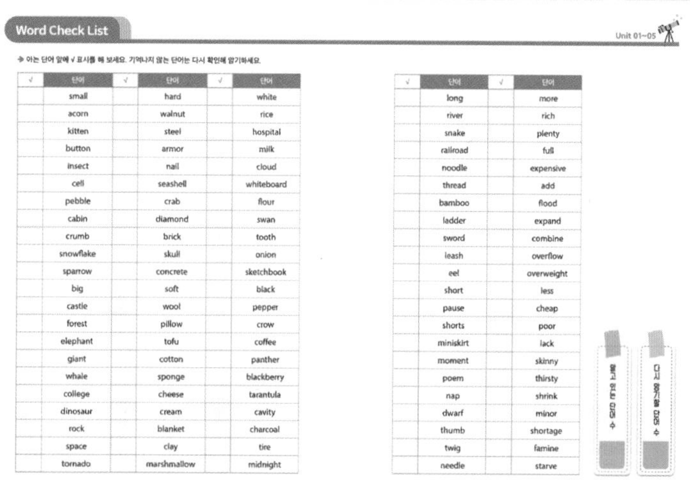

Word Check List

5개 Unit마다 앞서 배운 단어들을
얼마나 암기하고 있는지 체크해 본다.

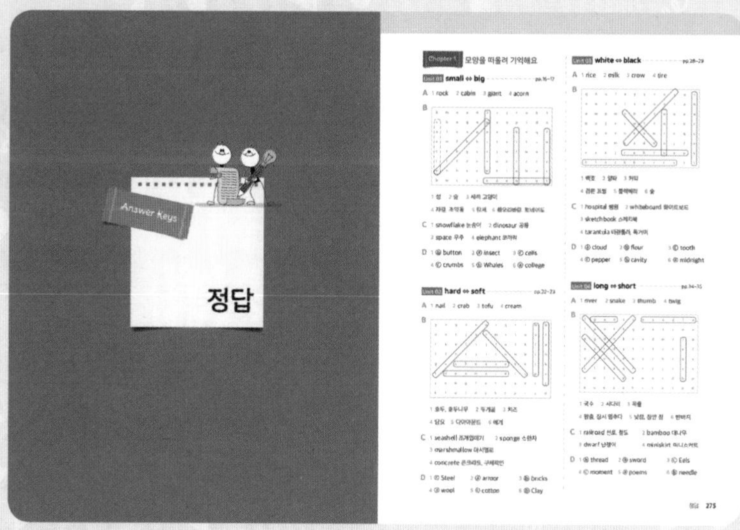

정답

각 Unit 문제의 답을 확인한다.

PENCIL

모양을 떠올려 기억해요

MP3-**001**

small [smɔːl] 형 작은

Unit 01

acorn
[éikɔːrn] 명 도토리

kitten
[kítn] 명 새끼 고양이

insect
[ínsekt] 명 곤충, 벌레

button
[bʌ́tn] 명 단추, (기계의) 버튼
동 단추를 잠그다

cabin
[kǽbin] 명 오두막집, 객실

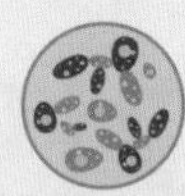

cell
[sel] 명 세포, 작은 방

pebble
[pébl] 명 자갈, 조약돌

sparrow
[spǽrou] 명 참새

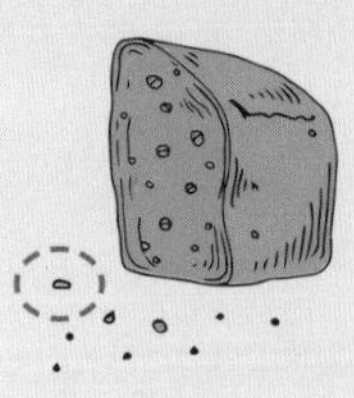

crumb
[krʌm] 명 부스러기

snowflake
[snóufleik] 명 눈송이

[big] 형 큰 big

castle
[kǽsl] 명 성

forest
[fɔ́ːrist] 명 숲

elephant
[éləfənt] 명 코끼리

college
[kɑ́lidʒ] 명 대학

giant
[dʒáiənt] 명 거인

whale
[weil] 명 고래

tornado
[tɔːrnéidou] 명 회오리바람, 토네이도

space
[speis] 명 우주

rock
[rak] 명 바위, 암석

dinosaur
[dáinəsɔːr] 명 공룡

Write the Words

각 단어가 문장에서 어떻게 쓰이는지 살펴보아요.

➔ 다음 문장을 읽고, 표시된 단어를 따라 쓴 후 2번 더 써 보세요.

1 My grandmother made an acorn jelly.
우리 할머니가 도토리묵을 만드셨다.

2 Tom's cat has three kittens.
톰의 고양이에게는 새끼 고양이 세 마리가 있다.

3 I lost a button on my shirt.
나는 셔츠 단추를 잃어버렸다.

4 I have insect bites on my arm.
나는 팔에 벌레 물렸다.

5 All living things have cells.
모든 생명체는 세포를 가지고 있다.

6 When the moon is round, bring me a purple pebble.
보름달이 뜰 때, 나에게 보라색 돌멩이를 찾아다 주렴. 단어 이야기

7 He lives in a cabin in the woods.
그는 숲 속의 오두막에 산다.

8 The table is covered with bread crumbs.
탁자는 빵 부스러기로 뒤덮였다.

9 Every snowflake has six sides.
모든 눈송이는 6개의 면을 가지고 있다.

10 The sparrow near a school sings the primer.
학교 옆의 참새는 입문서를 노래한다. (속담: 서당개 3년이면 풍월을 읊는다.)

단어 이야기

미국 어린이 그림책 상인 칼데콧 상을 받은 그림책 『Alexander and the Wind-Up Mouse(알렉산더와 장난감 쥐, 1969)』에서 마법의 도마뱀은 소원을 빌러 온 쥐, 알렉산더에게 이렇게 말해요. **"When the moon is round, bring me a purple pebble."** 보라색 돌멩이를 가져간 알렉산더는 어떤 소원을 빌었을까요? 도마뱀은 그 소원을 들어주었을까요?

MP3-**003**

➔ 다음 문장을 읽고, 표시된 단어를 따라 쓴 후 2번 더 써 보세요.

1 I'd like to visit Cinderella castle.
나는 신데렐라 성에 가보고 싶다.

2 We went for a walk in a forest.
우리는 숲속으로 산책을 갔다.

3 Elephants are the largest land animals.
코끼리는 육지동물 중 가장 크다. 문법 엿보기

4 A giant lives above the clouds.
거인은 구름 위에 산다.

5 Whales are smarter than dogs.
고래는 개보다 똑똑하다.

6 Students work so hard to get into college.
학생들은 대학에 들어가기 위해 열심히 준비한다.

7 The dinosaurs look so real in *Jurassic Park*.
<쥬라기 공원>의 공룡들은 정말 진짜 같아 보인다.

8 They were sitting on a large rock.
그들은 커다란 바위 위에 앉아 있었다.

9 Rockets help us go to space.
로켓은 우리가 우주로 갈 수 있도록 도와준다.

10 A tornado developed in Texas today.
토네이도가 오늘 텍사스에서 발달했다.

문법 엿보기 최상급 표현

the + 형용사-est 예 the largest (가장 큰) / **the + most + 형용사** 예 the most beautiful (가장 아름다운)
최상급은 **가장 ~한**의 뜻으로 형용사 끝에 est를 붙여서 만들거나, 형용사 앞에 most를 붙여서 만들기도 해요. 최상급 앞에는 항상 the를 써 주어야 한답니다.

Check the Words

A 도형 주변에 있는 철자를 알맞게 배열해 뜻에 맞는 단어를 써 보세요.

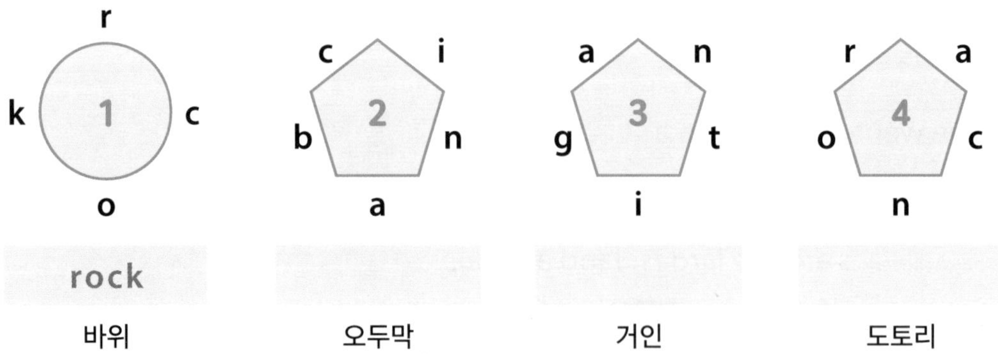

B 퍼즐에서 주어진 단어를 찾아 동그라미 하고, 빈칸에 뜻을 써 보세요. (가로, 세로뿐 아니라 대각선과 역방향으로도 단어가 숨어 있으니 잘 찾아 보세요.)

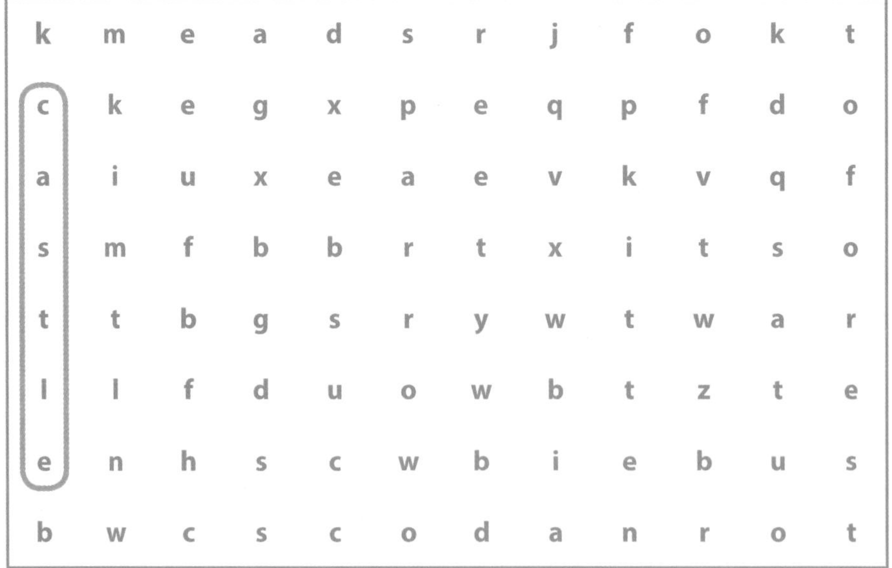

1 castle

2 forest

3 kitten

4 pebble

5 sparrow

6 tornado

C 빠진 철자를 넣어 단어를 완성하고, 빈칸에 알맞은 우리말 뜻을 쓰세요.

1 s[n]ow[f]la[k]e
눈송이

2 [ ]inos[ ]u[ ]

3 s[ ]a[ ][ ]

4 el[ ]p[ ]a[ ]t

D 빈칸에 알맞은 단어를 골라 문장을 완성해 보세요.

1 I lost a __button__ on my shirt.
ⓐ cell ⓑ button ⓒ rock

2 I have ________ bites on my arm.
ⓐ insect ⓑ elephant ⓒ dinosaur

3 All living things have ________.
ⓐ giant ⓑ acorns ⓒ cells

4 The table is covered with bread ________.
ⓐ snowflakes ⓑ tornado ⓒ crumbs

5 ________ are smarter than dogs.
ⓐ Acorns ⓑ Whales ⓒ Cabins

6 Students work so hard to get into ________.
ⓐ college ⓑ space ⓒ pebble

hard [ha:rd] 형 단단한

walnut
[wɔ́:lnʌt] 명 호두, 호두나무

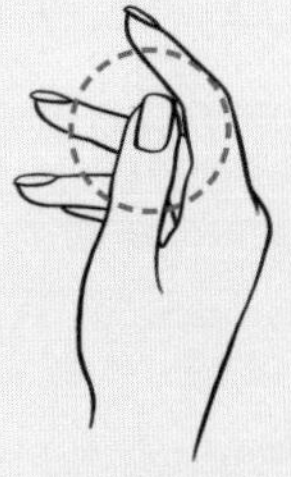

nail
[neil] 명 손톱, 발톱, 못

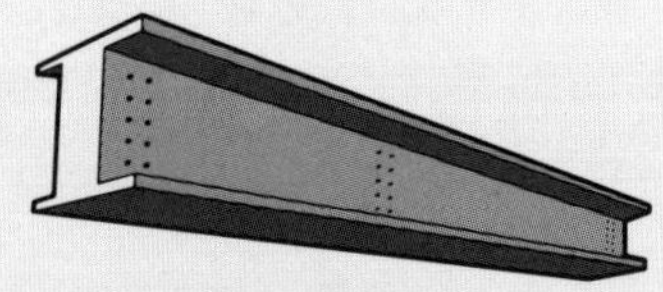

steel
[sti:l] 명 강철

armor
[ά:rmər] 명 갑옷

seashell
[sí:ʃel] 명 조개껍데기

crab
[kræb] 명 게

diamond
[dáiəmənd] 명 다이아몬드

brick
[brik] 명 벽돌

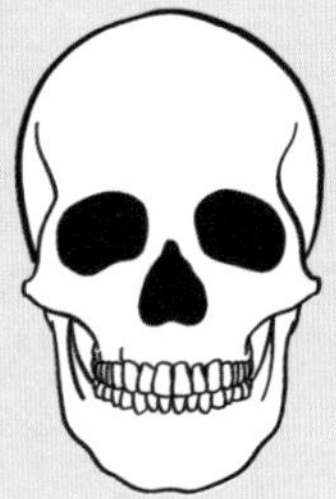

skull
[skʌl] 명 두개골

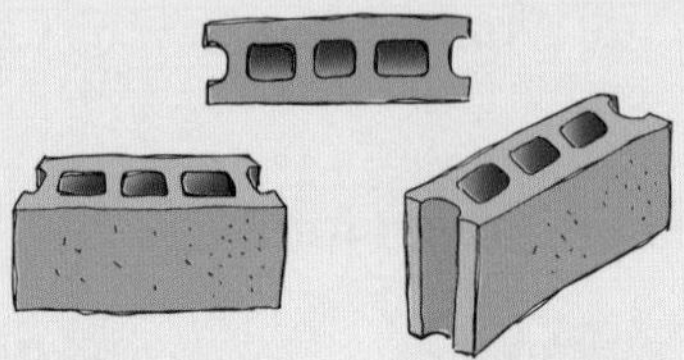

concrete
[kάŋkri:t] 명 콘크리트
형 구체적인

MP3-**005**

[sɔːft] 형 부드러운 soft

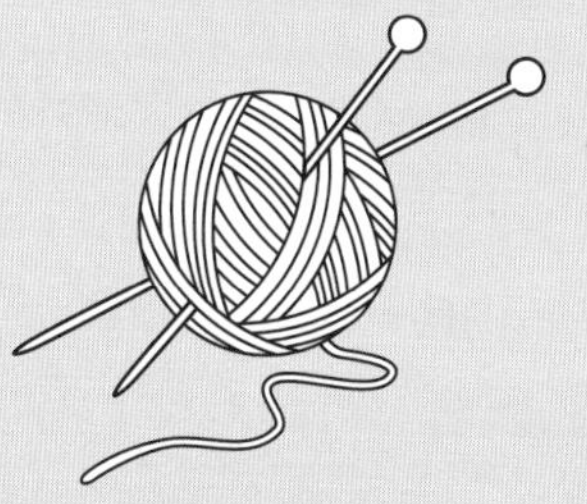

wool
[wul] 명 양털, 모직

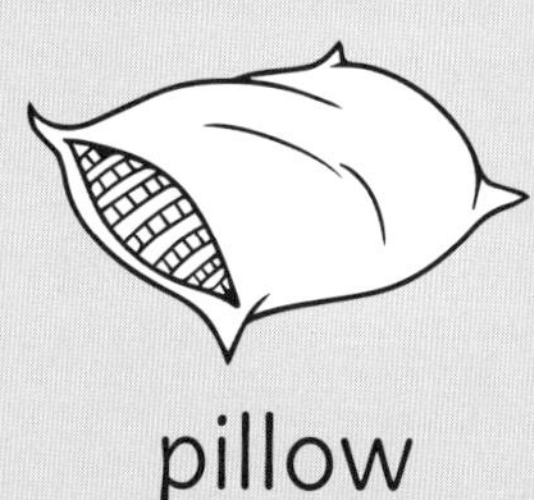

pillow
[pílou] 명 베개

tofu
[tóufuː] 명 두부

cotton
[kɑ́tn] 명 면직물, 목화

sponge
[spʌndʒ] 명 스펀지

cream
[kriːm] 명 (우유로 만든) 크림

cheese
[tʃiːz] 명 치즈

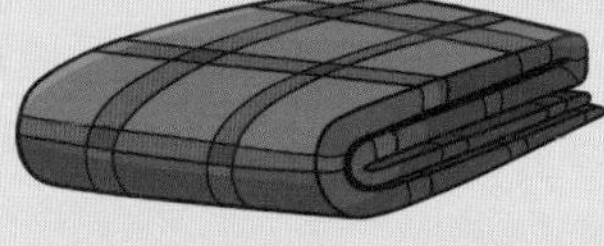

blanket
[blǽŋkit] 명 담요

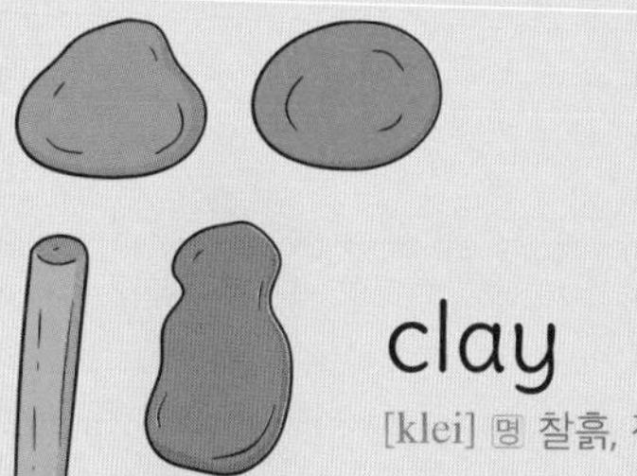

clay
[klei] 명 찰흙, 점토

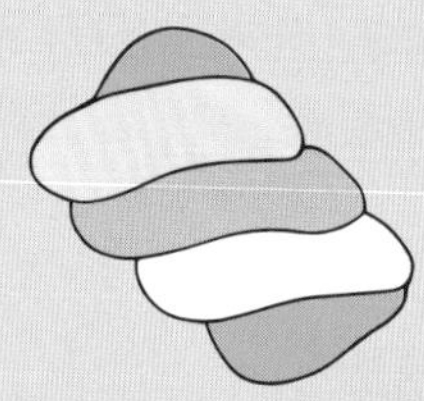

marshmallow
[mɑ́ːrʃmelou] 명 마시멜로

Write the Words

각 단어가 문장에서 어떻게 쓰이는지 살펴보아요.

➔ 다음 문장을 읽고, 표시된 단어를 따라 쓴 후 2번 더 써 보세요.

1 It is hard to open walnuts.
호두를 깨는 것은 어렵다.

2 Steel is used for making cars and ships.
강철은 자동차와 선박을 만드는 데 사용된다. 문법 엿보기

3 Mulan is wearing her father's armor.
뮬란은 아버지의 갑옷을 입고 있다.

4 Don't cut your nails too short.
손톱을 너무 짧게 깎지 말아라.

5 Kids are collecting seashells on a beach.
아이들은 바닷가에서 조개껍데기를 줍고 있다.

6 Most crabs walk sideways.
대부분의 게들은 옆으로 걷는다.

7 I must find this diamond in the rough.
나는 이런 다이아몬드 원석(숨은 인재)을 찾아야만 한다. 단어 이야기

8 The little pig built his house using bricks.
아기 돼지는 벽돌로 집을 지었다.

9 The hard skull protects the brain.
단단한 두개골이 뇌를 보호한다.

10 The floor is made of concrete.
그 바닥은 콘크리트로 되어 있다.

단어 이야기

만화 <Aladdin(알라딘, 1992)>에서 나쁜 마법사는 동굴 속에서 요술램프를 가지고 나오고 싶어합니다. 하지만 그건 오직 a diamond in the rough만이 할 수 있는 일이었죠. 교육을 받거나 매너를 배우지는 못했지만 착한 심성을 가진, 그야말로 가공하지 않은 다이아몬드 원석 같은 사람을 뜻하는 말이랍니다. 마법사는 **"I must find this one, this diamond in the rough."** 라고 무시무시한 표정으로 말하죠.

➔ 다음 문장을 읽고, 표시된 단어를 따라 쓴 후 2번 더 써 보세요.

1 The jacket was made from soft wool.
그 재킷은 부드러운 모직으로 만들어졌다.

2 I had a pillow fight with my brother.
나는 남동생과 베개 싸움을 했다.

3 She likes soft tofu in her soup.
그녀는 국에 들어간 부드러운 두부를 좋아한다.

4 He wore a cotton T-shirt and pants.
그는 면으로 된 티셔츠와 바지를 입었다.

5 You can wash the dishes with sponge.
설거지할 때 스펀지를 써도 된다.

6 I'll make you a cheese burger.
내가 너에게 치즈 버거를 만들어 줄 것이다.

7 The cream on the cake was too sweet.
케이크 위에 크림이 너무 달았다.

8 The baby is sleeping under a soft blanket.
아기는 부드러운 담요를 덮고 자고 있다.

9 Clay is used to make bowls and dishes.
점토는 그릇과 접시를 만드는 데 쓰인다.

10 He put marshmallows on a stick.
그는 막대기에 마시멜로를 꽂았다.

문법 엿보기 수동태

be + 과거분사 예 Steel **is used** for making cars and ships.
수동태는 주어가 어떤 일을 당하는 것을 나타내요. 문장에서처럼 강철이 무언가를 만드는 데 이용이 되는 것이죠. used는 동사의 과거형처럼 생겼지만 과거분사예요. 보통은 동사에 ed를 붙여 만들지만 불규칙하게 변하는 것도 많답니다.

Check the Words

A 도형 주변에 있는 철자를 알맞게 배열해 뜻에 맞는 단어를 써 보세요.

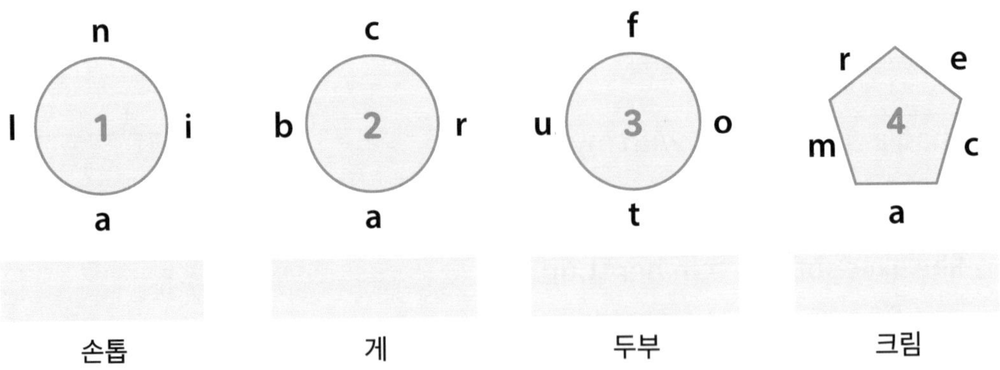

B 퍼즐에서 주어진 단어를 찾아 동그라미 하고, 빈칸에 뜻을 써 보세요. (가로, 세로뿐 아니라 대각선과 역방향으로도 단어가 숨어 있으니 잘 찾아 보세요.)

y	e	g	z	s	w	c	g	r	i	w	b
o	v	c	j	a	l	m	v	i	o	o	l
r	u	e	l	i	j	l	u	f	k	l	a
l	l	n	c	y	r	c	u	w	b	l	n
g	u	c	h	e	e	s	e	k	k	i	k
t	d	n	o	m	a	i	d	i	s	p	e
x	e	w	g	f	o	t	k	o	y	c	t
k	l	o	l	d	y	b	n	p	r	z	d

1 **walnut** ____ 2 **skull** ____

3 **cheese** ____ 4 **blanket** ____

5 **diamond** ____ 6 **pillow** ____

C 빠진 철자를 넣어 단어를 완성하고, 빈칸에 알맞은 우리말 뜻을 쓰세요.

1 s☐as☐e☐l

2 ☐po☐ge

3 m☐☐shma☐low

4 c☐n☐r☐te

D 빈칸에 알맞은 단어를 골라 문장을 완성해 보세요.

1 ______________ is used for making cars and ships.

ⓐ Walnut ⓑ Skull ⓒ Steel

2 Mulan is wearing her father's ______________.

ⓐ armor ⓑ cheese ⓒ pillow

3 The little pig built his house using ______________.

ⓐ cream ⓑ bricks ⓒ blankets

4 The jacket was made from soft ______________.

ⓐ wool ⓑ walnut ⓒ concrete

5 He wore a ______________ T-shirt and pants.

ⓐ nail ⓑ crab ⓒ cotton

6 ______________ is used to make bowls and dishes.

ⓐ Blanket ⓑ Clay ⓒ Cream

MP3-**007**

white [wait] 형 하얀

Unit 03

rice

[rais] 명 쌀, 벼, 밥

hospital

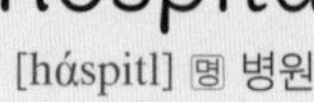

[hάspitl] 명 병원

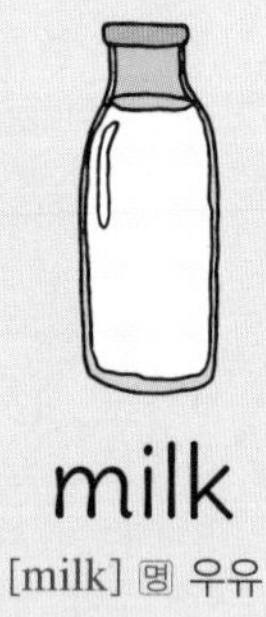

milk

[milk] 명 우유

cloud

[klaud] 명 구름

whiteboard

[wáitbɔ:rd] 명 화이트보드

flour

[fláuər] 명 밀가루

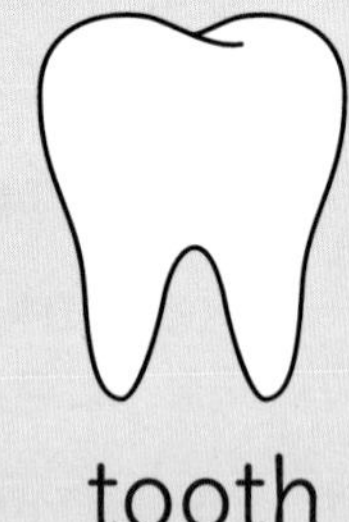

tooth

[tu:θ] 명 이, 치아

swan

[swan] 명 백조

onion

[ʌ́njən] 명 양파

sketchbook

[skétʃbuk] 명 스케치북

black

[blæk] 형 검은

pepper
[pépər] 명 후추
동 후추를 뿌리다

crow
[krou] 명 까마귀

coffee
[kɔ́ːfi] 명 커피

panther
[pǽnθər] 명 검은 표범

tarantula
[tərǽntʃulə] 명 타란툴라, 독거미

blackberry
[blǽkberi] 명 블랙베리

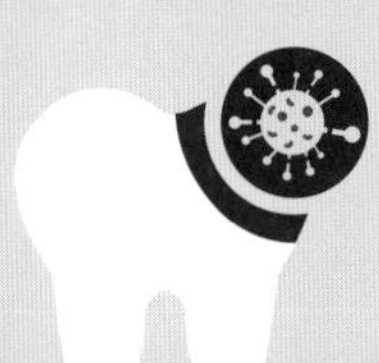

cavity
[kǽvəti] 명 충치, 구멍

charcoal
[tʃáːrkoul] 명 숯, 목탄

tire
[taiər] 명 (고무) 타이어

midnight
[mídnait] 명 자정, 한밤중

Write the Words

각 단어가 문장에서 어떻게 쓰이는지 살펴보아요.

➔ 다음 문장을 읽고, 표시된 단어를 따라 쓴 후 2번 더 써 보세요.

1 Most Asian people eat rice every day.

대부분의 아시아 사람들은 매일 쌀을 먹는다.

2 Lucy was taken to the hospital.

루시는 병원에 실려갔다.

3 My mom asked me to buy some milk.

엄마는 나에게 우유를 사오라고 하셨다.

4 Every cloud has a silver lining.

어떤 구름에도 빛이 새어 든다. (속담: 아무리 나쁜 상황에도 희망은 있다.)

5 She is writing a note on the whiteboard.

그녀는 화이트보드에 메모를 적고 있다.

6 He is making pancakes with flour.

그는 밀가루로 팬케이크를 만들고 있다.

7 We saw swans swimming in the pond.

우리는 연못에서 헤엄치는 백조들을 보았다.

8 An onion has a strong smell and flavor.

양파는 강한 냄새와 맛을 가지고 있다.

9 My tooth hurt so much yesterday.

나는 어제 이가 너무 아팠다.

10 She is drawing flowers in her sketchbook.

그녀는 스케치북에 꽃을 그리고 있다.

단어 이야기

Cinderella(신데렐라)는 못된 stepsisters(의붓 언니들) 때문에 무도회에 참석하지 못했죠. fairy godmother(요정)가 나타나 pumpkin(호박)으로 마차를, mice(쥐들)로 말을 만들어 줍니다. 예쁜 드레스와 glass slippers(유리 구두)도 선물해 주었고요. 그리고 마지막으로 중요한 주의사항을 알려 줍니다. **"You must not stay one minute after midnight."**

MP3-**009**

➔ 다음 문장을 읽고, 표시된 단어를 따라 쓴 후 2번 더 써 보세요.

1 I need a little bit of salt and pepper.

나는 약간의 소금과 후추가 필요하다

2 Crows are smart and playful birds.

까마귀는 영리하고 장난치는 것을 좋아하는 새이다.

3 She likes to put cream in her coffee.

그녀는 커피에 크림 넣는 것을 좋아한다.

4 We found a panther lying on the ground.

우리는 바닥에 엎드려 있는 흑표범을 발견했다. 문법 엿보기

5 I went blackberry picking last summer.

나는 지난 여름에 블랙베리를 따러 갔다.

6 His tarantula is hiding under the table.

그의 타란툴라가 탁자 밑에 숨어있다.

7 It looks like you have a cavity.

너는 충치가 있는 것 같다.

8 It's not easy to light the charcoal.

숯에 불을 붙이는 것은 쉽지 않다.

9 Is it free to pump air into bicycle tires?

자전거 타이어에 바람 넣는 것은 공짜인가요?

10 You must not stay one minute after midnight.

자정이 지나고 단 1분도 머물러서는 안 된다. 단어 이야기

문법 엿보기 현재분사

find/catch + 목적어 + 현재분사 예 We **found** a panther **lying** on the ground.

현재분사는 능동의 의미일 경우, 동사의 앞이나 뒤에 와서 명사를 꾸며주는 형용사처럼 쓰이기도 해요. 생긴 것은 동명사와 같지만 동명사는 명사처럼 쓰이고, 현재분사는 형용사처럼 쓰이는 것으로 구분할 수 있어요. 문장에서처럼 '땅에 누워있는'은 표범을 꾸며주는 말이니까요.

Check the Words

A 그림을 보고, 주어진 철자로 시작하는 단어를 써 보세요.

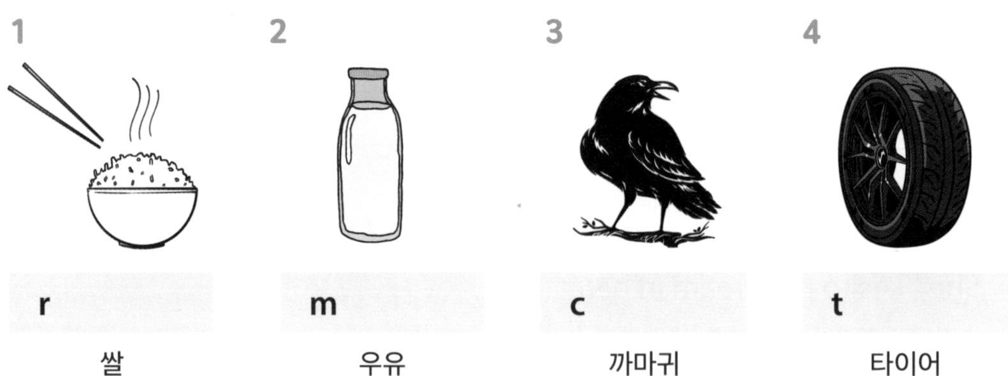

B 퍼즐에서 주어진 단어를 찾아 동그라미 하고, 빈칸에 뜻을 써 보세요. (가로, 세로뿐 아니라 대각선과 역방향으로도 단어가 숨어 있으니 잘 찾아 보세요.)

q	h	u	l	a	y	z	r	u	c	u	c
o	e	i	v	l	s	v	u	o	i	a	h
e	m	p	m	s	h	f	f	o	n	e	a
p	p	j	x	s	w	f	f	n	v	k	r
y	g	o	v	o	e	a	w	i	v	q	c
k	v	m	m	e	z	d	n	o	j	f	o
o	y	z	j	r	e	h	t	n	a	p	a
b	l	a	c	k	b	e	r	r	y	t	l

1 **swan** ______ 2 **onion** ______

3 **coffee** ______ 4 **panther** ______

5 **blackberry** ______ 6 **charcoal** ______

C 빠진 철자를 넣어 단어를 완성하고, 빈칸에 알맞은 우리말 뜻을 쓰세요.

1 h□sp□ta□

2 □hite□oar□

3 s□etc□boo□

4 ta□an□u□a

D 빈칸에 알맞은 단어를 골라 문장을 완성해 보세요.

1 Every ______________ has a silver lining.

ⓐ cloud ⓑ tire ⓒ coffee

2 He is making pancakes with ______________.

ⓐ swan ⓑ flour ⓒ hospital

3 My ______________ hurt so much yesterday.

ⓐ onion ⓑ rice ⓒ tooth

4 I need a little bit of salt and ______________.

ⓐ tarantula ⓑ sketchbook ⓒ pepper

5 It looks like you have a ______________.

ⓐ rice ⓑ cavity ⓒ onion

6 You must not stay one minute after ______________.

ⓐ midnight ⓑ tooth ⓒ blackberry

MP3-**010**

long [lɔːŋ] 형 긴

Unit 04

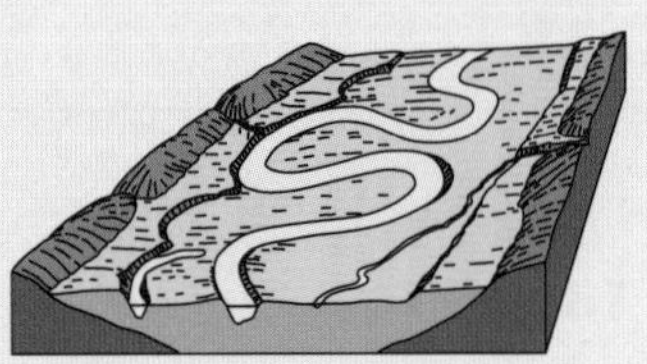

river

[rívər] 명 강

snake

[sneik] 명 뱀

railroad

[réilroud] 명 선로, 철도

noodle

[núːdl] 명 국수

bamboo

[bæmbúː] 명 대나무

thread

[θred] 명 실

ladder

[lǽdər] 명 사다리

sword

[sɔːrd] 명 (무기로 쓰이는) 칼, 검

leash

[liːʃ] 명 (개의) 목줄

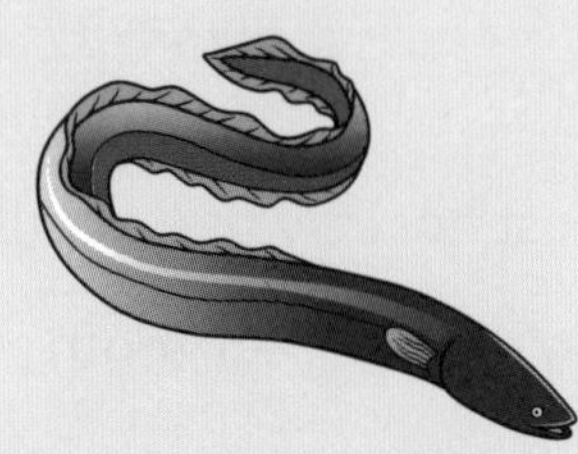

eel

[iːl] 명 장어

[ʃɔːrt] 형 짧은 short

pause

[pɔːz] 명 멈춤
동 잠시 멈추다

shorts

[ʃɔːrts] 명 반바지

moment

[móumənt] 명 순간, 잠깐

miniskirt

[mínəskəːrt] 명 미니스커트

nap

[næp] 명 낮잠, 잠깐 잠

dwarf

[dwɔːrf] 명 난쟁이

poem

[póuəm] 명 시

thumb

[θʌm] 명 엄지손가락

twig

[twig] 명 (나무의) 잔가지

needle

[niːdl] 명 바늘

Write the Words

각 단어가 문장에서 어떻게 쓰이는지 살펴보아요.

➔ 다음 문장을 읽고, 표시된 단어를 따라 쓴 후 2번 더 써 보세요.

1 We walked along the river.

우리는 강을 따라 걸었다.

2 Snakes smell with their tongue.

뱀들은 혀로 냄새를 맡는다.

3 The first railroad is in England.

최초의 철도는 영국에 있다.

4 I was dreaming about noodles.

나는 국수에 대한 꿈을 꾸고 있었다. 단어 이야기

5 She is looking for a needle and thread.

그녀는 바늘과 실을 찾고 있다.

6 Pandas live in bamboo forests.

판다는 대나무 숲에 산다.

7 I climbed up the ladder.

나는 사다리를 올라갔다.

8 The prince drew his shining sword.

왕자는 그의 빛나는 칼을 뽑았다.

9 He walks his dog on a leash.

그는 목줄을 매서 개를 산책 시킨다.

10 Eels are a type of fish, not a snake.

장어는 뱀이 아니라 물고기의 일종이다.

단어 이야기

만화 영화 <Kung Fu Panda(쿵푸팬더, 2008)>는 쿵푸의 고수가 되어 가는 판다 Po(포)의 이야기입니다. Po에게는 국수에 진심인 기러기 아빠가 있습니다. 장사에 늦은 Po는 아빠에게 덜 혼나려고 **"I was dreaming about noodles."**라고 말하죠. 기러기 아빠는 그 말을 듣고 드디어 집안의 요리 비법을 전수해 줄 때가 왔다며 감격스러워 합니다. 과연 비법은 무엇이었을까요?

MP3-**012**

➔ 다음 문장을 읽고, 표시된 단어를 따라 쓴 후 2번 더 써 보세요.

1 Can you pause the music, please?
음악 좀 잠시 멈춰 주시겠어요?

2 She was wearing shorts and sandals.
그녀는 반바지를 입고 샌들을 신고 있었다.

3 I'm going to wear a miniskirt.
나는 미니스커트를 입을 것이다.

4 I've been waiting for this moment.
나는 이 순간을 기다려왔다. 문법 엿보기

5 I've been writing poems for months.
나는 몇 달 동안 시를 써왔다.

6 The kid took a nap after lunch.
아이는 점심을 먹고 낮잠을 잤다.

7 I read *Snow White and the Seven Dwarfs*.
나는 『백설공주와 일곱 난쟁이』를 읽었다.

8 My little brother still sucks his thumb.
내 남동생은 아직도 엄지손가락을 빤다.

9 As the twig is bent, so grows the tree.
잔가지가 구부러지면 나무도 그렇게 자란다. (속담: 될성부른 나무는 떡잎부터 알아본다.)

10 Aurora will prick her finger on the needle.
오로라는 바늘에 손가락을 찔리게 될 것이다.

문법 엿보기 현재완료진행

have + been + -ing 예 **I've been waiting** for this moment.
현재완료진행은 말 그대로 현재완료 'have + 과거분사', 그리고 '진행 be동사 + 현재분사'가 합쳐진 것이라고 보면 돼요. 그래서 중간에 겹치는 be동사가 과거분사의 모습 been이 된 것이죠. 문장에서처럼 과거에서부터 기다려 왔고, 또 지금도 기다리고 있다는 시간의 의미를 담고 있죠.

Check the Words

A 그림을 보고, 주어진 철자로 시작하는 단어를 써 보세요.

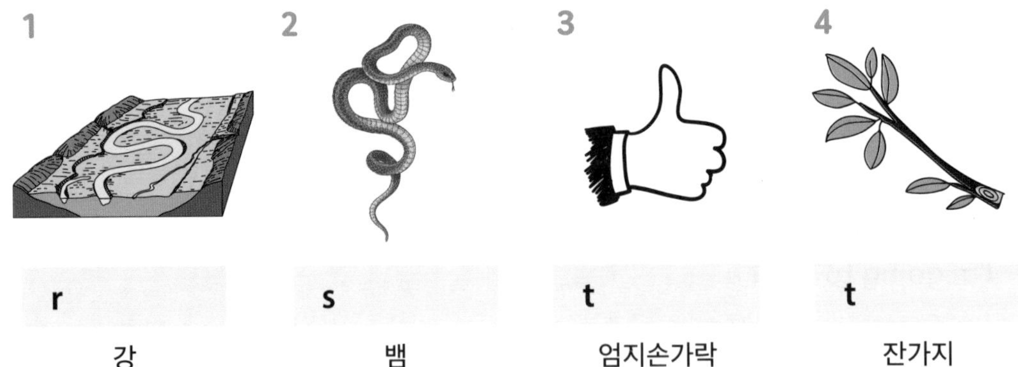

1 r ______ 강

2 s ______ 뱀

3 t ______ 엄지손가락

4 t ______ 잔가지

B 퍼즐에서 주어진 단어를 찾아 동그라미 하고, 빈칸에 뜻을 써 보세요. (가로, 세로뿐 아니라 대각선과 역방향으로도 단어가 숨어 있으니 잘 찾아 보세요.)

l	p	a	n	c	s	n	o	o	d	l	e
l	a	o	t	h	q	d	a	t	c	o	v
e	g	d	o	k	x	e	d	m	s	l	p
e	s	r	d	y	t	l	t	c	t	e	f
y	t	u	f	e	u	z	r	h	r	a	e
s	l	f	a	q	r	t	z	j	l	s	s
o	w	l	x	p	a	w	o	c	d	h	p
k	u	e	z	a	h	r	r	e	l	b	d

1 **noodle** ______ 2 **ladder** ______

3 **leash** ______ 4 **pause** ______

5 **nap** ______ 6 **shorts** ______

C 빠진 철자를 넣어 단어를 완성하고, 빈칸에 알맞은 우리말 뜻을 쓰세요.

1 r☐il☐o☐d

2 ☐am☐oo

3 d☐a☐f

4 m☐nis☐ir☐

D 빈칸에 알맞은 단어를 골라 문장을 완성해 보세요.

1 She is looking for a needle and ______________.

ⓐ railroad ⓑ thread ⓒ pause

2 The prince drew his shining ______________.

ⓐ sword ⓑ bamboo ⓒ railroad

3 ______________ are a type of fish, not a snake.

ⓐ Leashes ⓑ Twigs ⓒ Eels

4 I've been waiting for this ______________.

ⓐ thumb ⓑ river ⓒ moment

5 I've been writing ______________ for months.

ⓐ poems ⓑ nap ⓒ miniskirt

6 Aurora will prick her finger on the ______________.

ⓐ noodle ⓑ needle ⓒ thread

MP3-**013**

more [mɔːr] 형 더 많은

Unit 05

rich

[ritʃ] 형 부유한

plenty

[plénti] 대 풍부한 양 부 많이

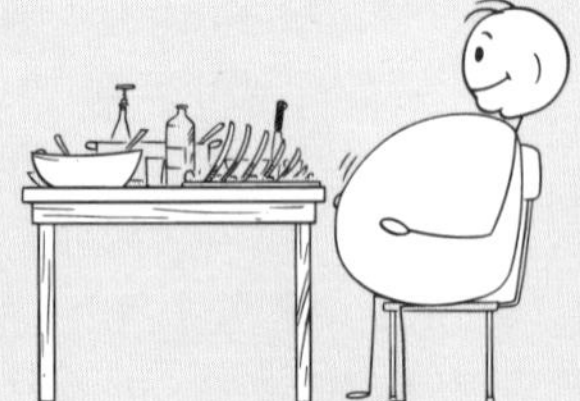

full

[ful] 형 가득한

expensive

[ikspénsiv] 형 비싼

add

[æd] 동 더하다, 추가하다

flood

[flʌd] 명 홍수 동 물에 잠기다

combine

[kəmbáin] 동 결합하다

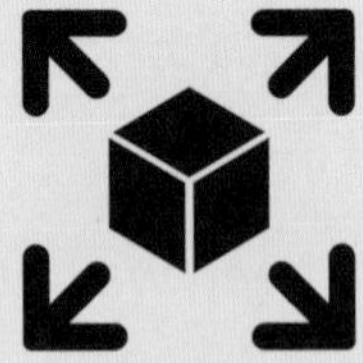

expand

[ikspǽnd] 동 확대시키다

overflow

[ouvərflóu] 동 넘치다

overweight

[ouvərwéit] 형 과체중의, 비만의

[les] 형 더 적은 less

cheap
[tʃiːp] 형 싼, 돈이 적게 드는

poor
[pʊr] 형 가난한

skinny
[skíni] 형 깡마른

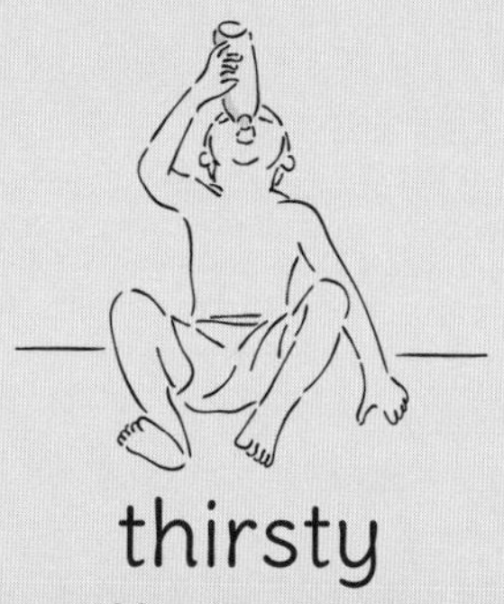

thirsty
[θə́ːrsti] 형 목마른

lack
[læk] 명 부족, 결핍 동 부족하다

minor
[máinər] 형 작은, 별로 중요하지 않은

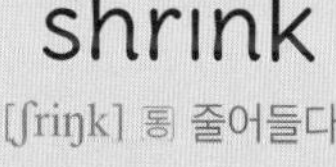

shrink
[ʃriŋk] 동 줄어들다

shortage
[ʃɔ́ːrtidʒ] 명 부족

starve
[staːrv] 동 굶주리다, 굶어 죽다

famine
[fǽmin] 명 기근, 기아, 굶주림

Write the Words

각 단어가 문장에서 어떻게 쓰이는지 살펴보아요.

다음 문장을 읽고, 표시된 단어를 따라 쓴 후 2번 더 써 보세요.

1 I wish I were rich.
나는 내가 부자였으면 좋겠다. 문법 엿보기

2 We got plenty of time.
우리는 시간이 충분했다. 단어 이야기

3 I felt full after eating a big meal.
나는 식사를 많이 해서 배가 불렀다.

4 Tickets are very expensive for me.
나에게 입장권은 너무 비싸다.

5 I added more sugar to the lemonade.
나는 레모네이드에 설탕을 더 많이 추가했다.

6 My uncle lost his house in the flood.
우리 삼촌은 홍수에 집을 잃었다.

7 Metals expand when they are heated.
금속은 열을 받으면 팽창한다.

8 Combine the eggs, flour, and butter in a bowl.
그릇에 달걀과 밀가루, 버터를 넣고 섞으시오.

9 The river used to overflow every summer.
그 강은 매년 여름 범람하곤 했다.

10 More and more children are overweight.
점점 더 많은 어린이들이 비만이 된다.

단어 이야기

영화 <The Polar Express(폴라 익스프레스, 2004)>는 크리스마스 이브에 기차를 타고 북극으로 가는 아이들의 이야기입니다. 기차에 탄 아이 중 한 명이 우리는 아주 시간이 많다며 여러 번 강조해서 이야기하죠. **"We got plenty of time. We got nothing but time. We got time to kill.**(우린 시간이 많아. 우리가 가진 건 시간밖에 없다고. 우린 시간을 때워야 해.)**"** 파자마 바람으로 기차를 탄 아이들에게는 과연 어떤 일이 벌어질까요?

MP3-**015**

➔ 다음 문장을 읽고, 표시된 단어를 따라 쓴 후 2번 더 써 보세요.

1 It looks cheap and nasty.
그것은 형편없는 싸구려처럼 보인다.

2 How can we help poor people in Africa?
우리가 어떻게 아프리카에 있는 가난한 사람들을 도울 수 있을까?

3 He had a headache from lack of sleep.
그는 수면 부족 때문에 머리가 아팠다.

4 I was really skinny when I was a child.
나는 어렸을 때 매우 깡말랐었다.

5 Tom was still thirsty and hungry.
톰은 여전히 목마르고 배가 고팠다.

6 I need to shrink the image of flowers.
나는 꽃 이미지 크기를 줄여야 한다.

7 She likes minor characters in the book.
그녀는 그 책 속의 주변 인물들을 좋아한다.

8 There is a shortage of clean water.
깨끗한 물이 부족한 상태이다.

9 A million people are still facing famine.
백만 명의 사람들이 여전히 기근을 겪고 있다.

10 They had to starve for several days.
그들은 며칠 동안 굶주려야 했다.

문법 엿보기 가정법 과거 I wish I were

I wish + 주어 + 동사의 과거형
가정법 과거는 현재에 이룰 수 없는 소망을 나타내고 **~라면 좋을 텐데**라고 해석돼요. 결국 현재 사실의 반대가 되는 셈이죠. 원래 I에 대한 be동사의 과거형은 was이지만, 문장에서처럼 I wish 다음에 주어 I가 오면 가정법에서는 were를 사용해요. 그래서 I wish I were ~는 통으로 외워 두면 좋답니다.

Check the Words

A 도형 주변에 있는 철자를 알맞게 배열해 뜻에 맞는 단어를 써 보세요.

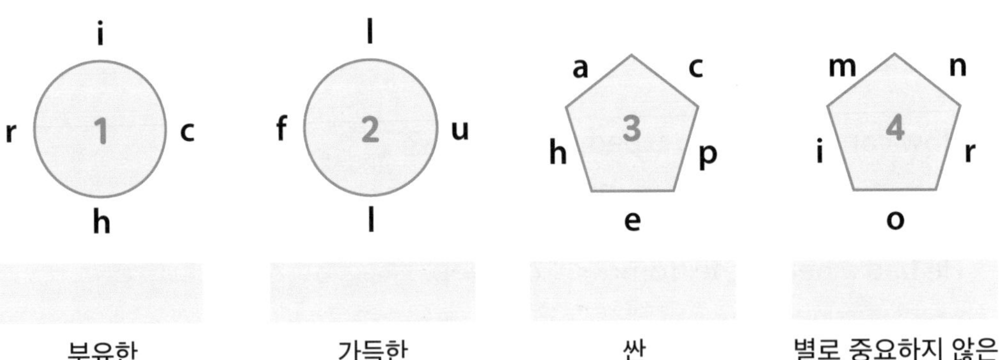

B 퍼즐에서 주어진 단어를 찾아 동그라미 하고, 빈칸에 뜻을 써 보세요. (가로, 세로뿐 아니라 대각선과 역방향으로도 단어가 숨어 있으니 잘 찾아 보세요.)

a	n	d	w	g	y	k	s	x	b	v	y
s	d	n	m	k	b	t	k	s	t	m	t
a	e	x	p	e	n	s	i	v	e	t	n
r	h	d	e	o	l	z	n	m	c	m	e
x	i	j	j	x	o	s	n	q	w	h	l
b	y	f	n	b	l	r	y	i	d	z	p
y	t	s	r	i	h	t	t	g	v	z	o
y	v	e	g	o	u	m	e	l	g	k	f

1 **add**		2 **expensive**	
3 **poor**		4 **skinny**	
5 **thirsty**		6 **plenty**	

C 빠진 철자를 넣어 단어를 완성하고, 빈칸에 알맞은 우리말 뜻을 쓰세요.

1 co☐b☐n☐

2 ov☐rw☐ig☐t

3 s☐or☐a☐e

4 f☐m☐n☐

D 빈칸에 알맞은 단어를 골라 문장을 완성해 보세요.

1 My uncle lost his house in the ______________.

ⓐ cell ⓑ button ⓒ flood

2 Metals ______________ when they are heated.

ⓐ shrink ⓑ expand ⓒ full

3 The river used to ______________ every summer.

ⓐ overweight ⓑ overflow ⓒ combine

4 He had a headache from ______________ of sleep.

ⓐ expensive ⓑ add ⓒ lack

5 I need to ______________ the image of flowers.

ⓐ shrink ⓑ poor ⓒ rich

6 They had to ______________ for several days.

ⓐ cheap ⓑ shortage ⓒ starve

Word Check List

➔ 아는 단어 앞에 √ 표시를 해 보세요. 기억나지 않는 단어는 다시 확인해 암기하세요.

√	단어	√	단어	√	단어
	small		hard		white
	acorn		walnut		rice
	kitten		steel		hospital
	button		armor		milk
	insect		nail		cloud
	cell		seashell		whiteboard
	pebble		crab		flour
	cabin		diamond		swan
	crumb		brick		tooth
	snowflake		skull		onion
	sparrow		concrete		sketchbook
	big		soft		black
	castle		wool		pepper
	forest		pillow		crow
	elephant		tofu		coffee
	giant		cotton		panther
	whale		sponge		blackberry
	college		cheese		tarantula
	dinosaur		cream		cavity
	rock		blanket		charcoal
	space		clay		tire
	tornado		marshmallow		midnight

√	단어	√	단어
	long		more
	river		rich
	snake		plenty
	railroad		full
	noodle		expensive
	thread		add
	bamboo		flood
	ladder		expand
	sword		combine
	leash		overflow
	eel		overweight
	short		less
	pause		cheap
	shorts		poor
	miniskirt		lack
	moment		skinny
	poem		thirsty
	nap		shrink
	dwarf		minor
	thumb		shortage
	twig		famine
	needle		starve

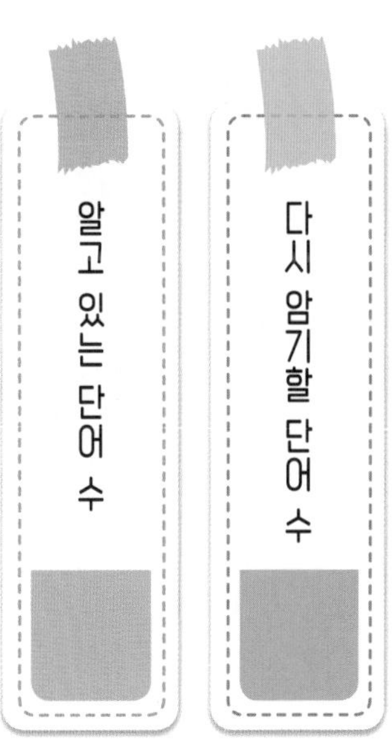

MP3-**016**

wet [wet] 형 젖은

Unit 06

shower
[ʃáuər] 명 샤워, 소나기
동 샤워를 하다

umbrella
[ʌmbrélə] 명 우산

puddle
[pʌdl] 명 물웅덩이

soak
[souk] 동 (액체에 푹) 담그다

steam
[stiːm] 명 김, 증기

slippery
[slípəri] 형 미끄러운

swamp
[swamp] 명 늪, 습지

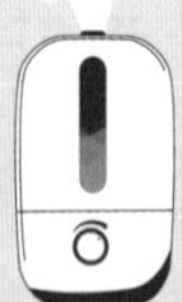

humid
[hjúːmid] 형 습한

dew
[djuː] 명 이슬

drizzle
[drízl] 명 보슬비
동 보슬비가 내리다

dry

[drai] 형 마른

desert

[dézərt] 명 사막 동 버리다

hay

[hei] 명 건초

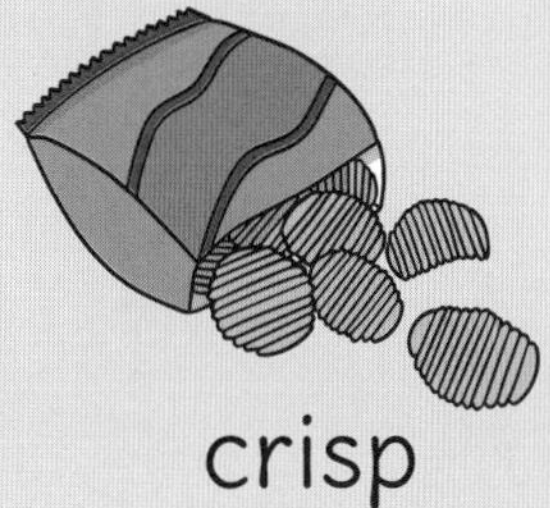

crisp

[krisp] 형 바삭바삭한, 빳빳한

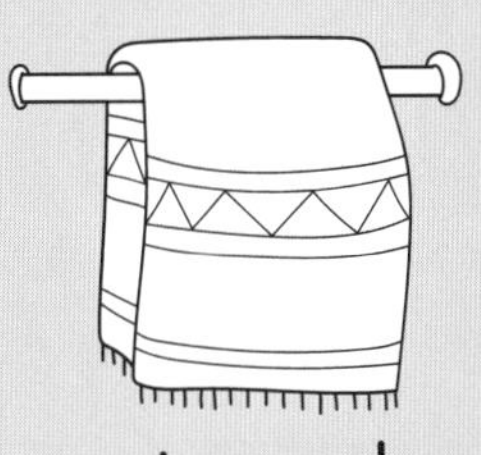

towel

[táuəl] 명 수건

raisin

[réizn] 명 건포도

wrinkle

[ríŋkl] 명 주름
동 주름이 지다

dryer

[dráiər] 명 건조기, 드라이어

drought

[draut] 명 가뭄

waterproof

[wɔ́:tərpru:f] 형 방수의
명 방수복

cactus

[kǽktəs] 명 선인장

Write the Words

각 단어가 문장에서 어떻게 쓰이는지 살펴보아요.

➔ 다음 문장을 읽고, 표시된 단어를 따라 쓴 후 2번 더 써 보세요.

1 I take a cold shower in the morning.
나는 아침에 찬 물로 샤워를 한다.

2 He stepped in a puddle.
그는 물웅덩이를 밟았다.

3 I forgot to bring my umbrella.
나는 우산 가져오는 것을 잊었다.

4 The tiger's hands are slippery with sesame oil.
호랑이의 손은 참기름 때문에 미끄러웠다.

5 Soak your socks in warm water.
따뜻한 물에 양말을 푹 담가라.

6 Steam rose from the hot pot.
뜨거운 냄비에서 수증기가 올라왔다.

7 What are you doing in my swamp?
내 늪에서 뭐하고 있는 거야? 단어 이야기

8 The room was very hot and humid.
그 방은 아주 덥고 습했다.

9 The grass was wet with morning dew.
잔디는 아침 이슬에 젖었다.

10 There was a drizzle yesterday.
어제 보슬비가 내렸다.

단어 이야기

영화 <Shrek(슈렉, 2001)>에는 초록색의 아주 불친절한 ogre(오거, 토종 괴물)가 나옵니다. 도움을 청하기 위해 슈렉의 swamp(늪)로 몰려온 동화 속 등장인물들은 슈렉에게 단단히 혼이 나는데요. 화가 난 슈렉은 이렇게 소리칩니다. **"I live in a swamp.**(나는 늪에 살아.) **I put up signs.**(표지판에 써 붙였잖아.) **I'm a terrifying ogre!**(나는 무서운 오거라구!) **What are you doing in my swamp?**(대체 내 늪에서 뭐하는 거야?)**"**

MP3-**018**

➜ 다음 문장을 읽고, 표시된 단어를 따라 쓴 후 2번 더 써 보세요.

1 The Sahara Desert is the largest desert in the world.

사하라 사막은 세계에서 가장 넓은 사막이다.

2 Make hay while the sun shines.

해가 날 때 건초를 만들어라. (속담: 기회가 있을 때 최선을 다해라.)

3 My mom made raisin cookies for us.

엄마는 우리를 위해 건포도 쿠키를 만드셨다.

4 I enjoy stepping on crisp leaves.

나는 바삭바삭한 낙엽 밟는 것을 즐긴다. 문법 엿보기

5 Joon dried his hands on the paper towel.

준은 종이 수건에 손을 닦았다.

6 My sweater shrank in the dryer.

내 스웨터는 건조기에서 줄어들었다.

7 His face was covered in wrinkles.

그의 얼굴은 온통 주름으로 덮여 있었다.

8 The pond ran dry during the drought.

연못은 가뭄에 말라버렸다.

9 Cactus spines are leaves.

선인장 가시는 잎이다.

10 You need a waterproof jacket.

당신은 방수 재킷이 필요하다.

문법 엿보기 동명사를 목적어로 취하는 동사

enjoy + -ing

동명사는 단어 끝에 ing가 붙어 현재분사처럼 보이지만 명사처럼 쓰이는 단어들을 말합니다. 우리말로는 '~(하는) 것'으로 해석될 때가 많습니다. 어떤 동사들은 항상 동명사를 목적어로 쓰기 때문에, 다시 말해 뒤에 항상 -ing가 따라오기 때문에 통째로 외워 두면 좋답니다.

Check the Words

A 도형 주변에 있는 철자를 알맞게 배열해 뜻에 맞는 단어를 써 보세요.

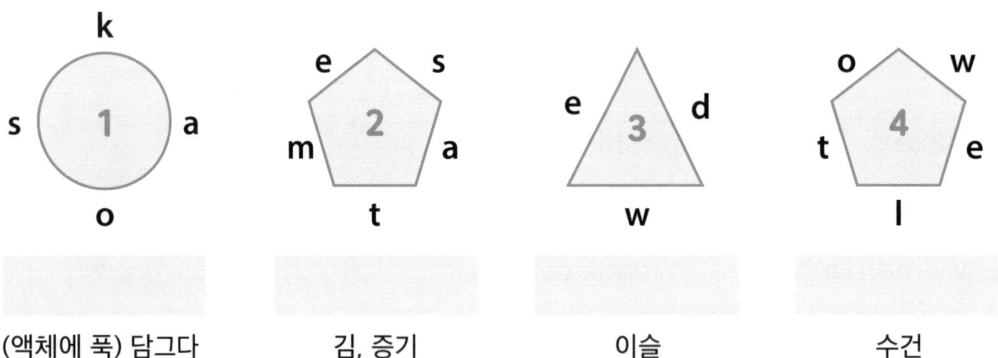

B 퍼즐에서 주어진 단어를 찾아 동그라미 하고, 빈칸에 뜻을 써 보세요. (가로, 세로뿐 아니라 대각선과 역방향으로도 단어가 숨어 있으니 잘 찾아 보세요.)

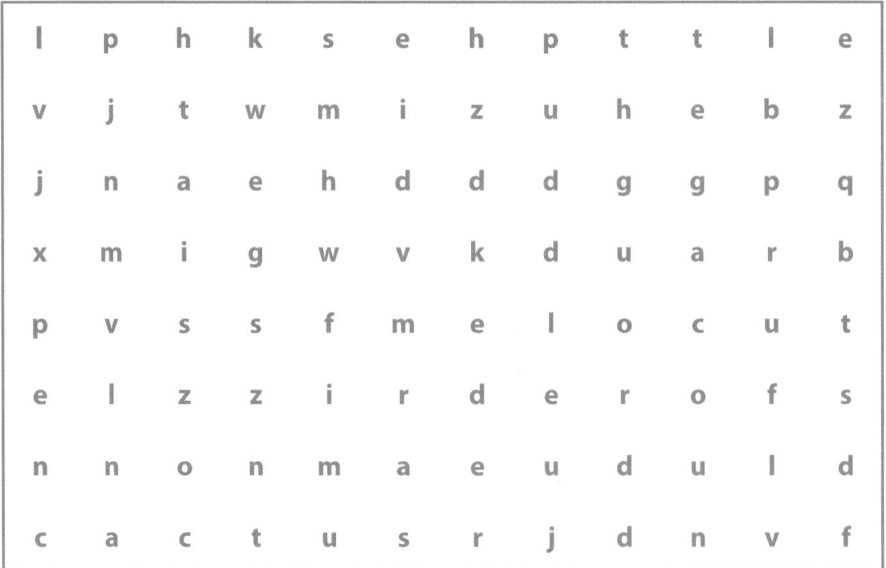

l	p	h	k	s	e	h	p	t	t	l	e
v	j	t	w	m	i	z	u	h	e	b	z
j	n	a	e	h	d	d	d	g	g	p	q
x	m	i	g	w	v	k	d	u	a	r	b
p	v	s	s	f	m	e	l	o	c	u	t
e	l	z	z	i	r	d	e	r	o	f	s
n	n	o	n	m	a	e	u	d	u	l	d
c	a	c	t	u	s	r	j	d	n	v	f

1 **cactus** ____________ 2 **drizzle** ____________

3 **puddle** ____________ 4 **raisin** ____________

5 **swamp** ____________ 6 **drought** ____________

C 빠진 철자를 넣어 단어를 완성하고, 빈칸에 알맞은 우리말 뜻을 쓰세요.

1 um□re□la

2 s□ip□e□y

3 □ate□pro□f

4 w□ink□e

D 빈칸에 알맞은 단어를 골라 문장을 완성해 보세요.

1 I take a cold ______________ in the morning.

ⓐ steam ⓑ shower ⓒ hay

2 The room was very hot and ______________.

ⓐ humid ⓑ soak ⓒ swamp

3 The Sahara Desert is the largest ______________ in the world.

ⓐ raisin ⓑ puddle ⓒ desert

4 Make ______________ while the sun shines.

ⓐ dew ⓑ hay ⓒ soak

5 My sweater shrank in the ______________.

ⓐ dryer ⓑ waterproof ⓒ cactus

6 I enjoy stepping on ______________ leaves.

ⓐ drizzle ⓑ crisp ⓒ wrinkle

MP3-**019**

rectangle [réktæŋgl] 명 직사각형

Unit 07

flag
[flæg] 명 깃발

bill
[bil] 명 청구서, 계산서, 지폐

keyboard
[kíbɔːrd] 명 키보드, 건반

textbook
[tékstbuk] 명 교과서

laptop
[lǽptaːp] 명 노트북 컴퓨터

passport
[pǽspɔːrt] 명 여권

frame
[freim] 명 액자, 틀

wallet
[wάlit] 명 지갑

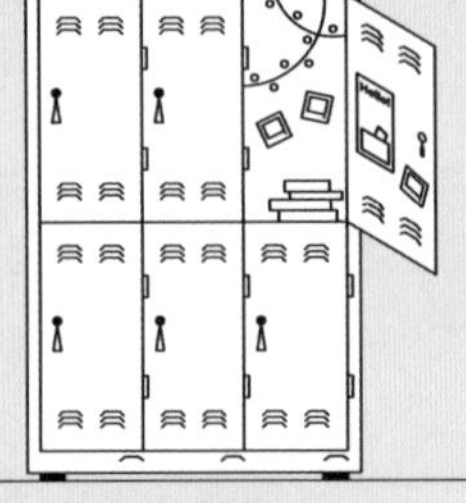

locker
[lάkər] 명 (자물쇠가 달린) 사물함

postcard
[póustkaːrd] 명 엽서

[sə́ːrkl] 명 원형 circle

necklace
[néklis] 명 목걸이

donut
[dóunət] 명 도넛(= doughnut)

coin
[kɔin] 명 동전

planet
[plǽnit] 명 행성

pupil
[pjúːpl] 명 눈동자, 동공

sunflower
[sʌ́nflauər] 명 해바라기

compass
[kʌ́mpəs] 명 나침반

nest
[nest] 명 (새의) 둥지
동 둥지를 틀다

globe
[gloub] 명 지구본, 지구, 세계

marble
[mɑ́ːrbl] 명 구슬, 대리석

Write the Words

각 단어가 문장에서 어떻게 쓰이는지 살펴보아요.

➔ 다음 문장을 읽고, 표시된 단어를 따라 쓴 후 2번 더 써 보세요.

1 Flags of all nations are flying.
만국기가 펄럭이고 있다.

2 He gave me a ten dollar bill.
그는 나에게 10달러 지폐를 주었다.

3 Can I borrow your textbook?
네 교과서 좀 빌릴 수 있을까?

4 I left my laptop in a library.
나는 도서관에 노트북을 두고 왔다.

5 She is looking for a new keyboard.
그녀는 새 키보드를 찾고 있다. 문법 엿보기

6 The window frame is made of steel.
그 창문 틀은 강철로 만들어졌다.

7 Don't forget to bring your passport.
여권 가져오는 것을 잊지 마라.

8 My dad keeps a picture of me in his wallet.
우리 아빠는 지갑에 내 사진을 가지고 다니신다.

9 What's in your locker?
네 사물함에는 뭐가 들었니?

10 Are you going to send me a postcard?
나에게 엽서 보내줄 거야?

단어 이야기

만화 영화 <Pocahontas(포카혼타스, 1995)>에는 포카혼타스가 John(존) 선장의 신문물을 신기해 하는 장면이 나옵니다. 포카혼타스가 둥근 나침반을 보고 **"What was that?**(뭐였어요?)**"** 하고 묻자 존은 **"My compass.**(내 나침반이요.)**"** 하고 대답하죠. 그리고 설명해 줍니다. **"It tells you how to find your way when you get lost.**(길을 잃었을 때 어떻게 길을 찾아야 할지 알려주죠.)**"**

➔ 다음 문장을 읽고, 표시된 단어를 따라 쓴 후 2번 더 써 보세요.

1 She was wearing a diamond necklace.
그녀는 다이아몬드 목걸이를 하고 있었다.

2 He brought a box of jelly donuts.
그는 잼이든 도넛 한 상자를 가져왔다.

3 It's hard to find coins these days.
요즘은 동전을 찾기 힘들다.

4 Venus is the second planet from the Sun.
금성은 태양에서부터 두 번째 행성이다.

5 Your pupils get smaller in bright light.
당신의 눈동자는 밝은 불빛에서 더 작아진다.

6 Most sunflowers bloom during the summer.
대부분의 해바라기는 여름 동안 꽃을 피운다.

7 Every bird likes its own nest.
새들은 모두 자기 둥지를 좋아한다. (속담: 제 집보다 좋은 곳은 없다.)

8 A compass tells you how to find your way.
나침반은 당신이 어떻게 길을 찾아야 하는 지 알려준다. 단어 이야기

9 We have a big globe in our classroom.
우리 교실에는 큰 지구본이 있다.

10 Kids used to play with marbles.
아이들은 구슬치기 놀이를 하곤 했다.

문법 엿보기 be동사 + looking for

어떤 동사들은 다른 단어들과 덩어리로 쓰일 때 원래의 단어와 완전히 다른 뜻을 가지기도 해요. look은 원래 '보다'라는 뜻이지만 **is looking for** 또는 **was looking for**처럼 'be + -ing' 형태로 for와 함께 쓰이면 **~을 찾다**라는 뜻이 된답니다. 자주 사용되기 때문에 함께 외워 두면 좋아요.

Check the Words

A 도형 주변에 있는 철자를 알맞게 배열해 뜻에 맞는 단어를 써 보세요.

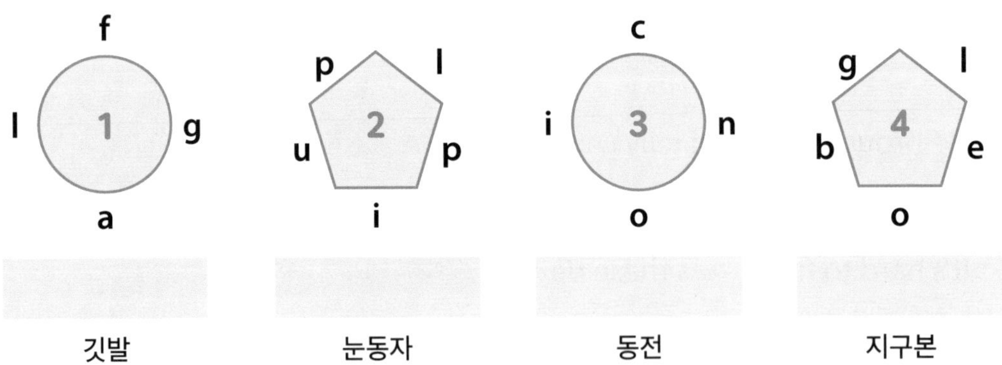

깃발 눈동자 동전 지구본

B 퍼즐에서 주어진 단어를 찾아 동그라미 하고, 빈칸에 뜻을 써 보세요. (가로, 세로뿐 아니라 대각선과 역방향으로도 단어가 숨어 있으니 잘 찾아 보세요.)

m	g	y	x	y	w	a	m	v	n	p	g
g	x	k	n	a	l	e	j	h	u	o	n
x	t	v	l	b	j	o	l	y	h	s	y
t	y	l	l	i	w	r	c	b	n	t	r
o	e	l	a	p	t	o	p	k	r	c	g
t	u	n	o	d	s	a	l	j	e	a	x
b	w	o	g	e	j	i	j	u	g	r	m
l	w	n	s	u	t	f	h	c	z	d	q

1 **marble** ______ 2 **laptop** ______

3 **donut** ______ 4 **postcard** ______

5 **locker** ______ 6 **wallet** ______

C 빠진 철자를 넣어 단어를 완성하고, 빈칸에 알맞은 우리말 뜻을 쓰세요.

1 te□t□o□k

2 k□yb□□rd

3 ne□kl□ce

4 s□nf□o□er

D 빈칸에 알맞은 단어를 골라 문장을 완성해 보세요.

1 He gave me a ten dollar ______________.

ⓐ bill ⓑ pupil ⓒ nest

2 The window ______________ is made of steel.

ⓐ sunflower ⓑ frame ⓒ postcard

3 Don't forget to bring your ______________.

ⓐ planet ⓑ locker ⓒ passport

4 Venus is the second ______________ from the Sun.

ⓐ frame ⓑ planet ⓒ coin

5 Every bird likes its own ______________.

ⓐ nest ⓑ wallet ⓒ laptop

6 A ______________ tells you how to find your way.

ⓐ necklace ⓑ donut ⓒ compass

heavy [hévi] 형 무거운

furniture
[fə́:rnitʃər] 명 가구

stone
[stoun] 명 돌

timber
[tímbər] 명 목재

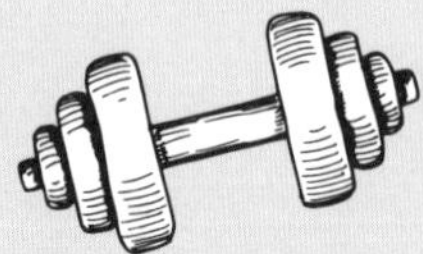

dumbbell
[dʌ́mbel] 명 덤벨, 아령

rhinoceros
[rainɑ́sərəs] 명 코뿔소(=rhino)

load
[loud] 명 짐
동 (짐 등을) 싣다

burden
[bə́:rdn] 명 부담, 짐
동 부담[짐]을 지우다

anchor
[ǽŋkər] 명 닻

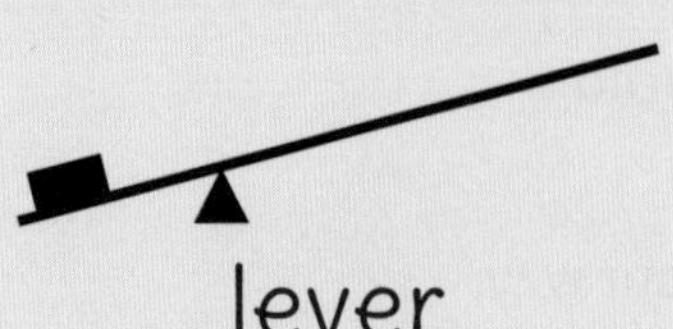

lever
[lévər] 명 지렛대

gravity
[grǽvəti] 명 중력

light

[lait] 형 가벼운

balloon
[bəlúːn] 명 풍선

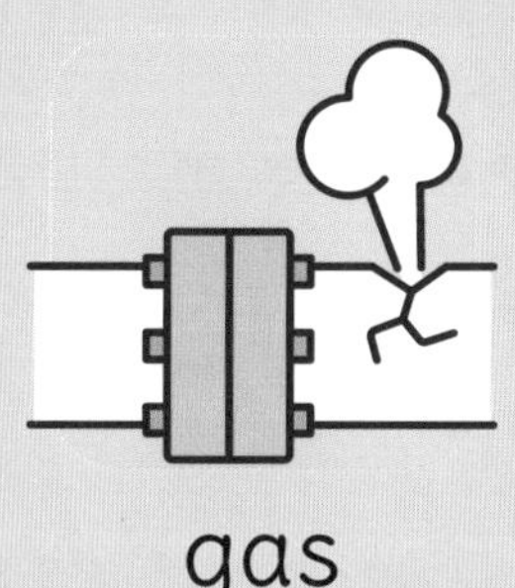

gas
[gæs] 명 가스, 기체

bubble
[bʌbl] 명 거품, 비눗방울

powder
[páudər] 명 가루, 분말

feather
[féðər] 명 깃털

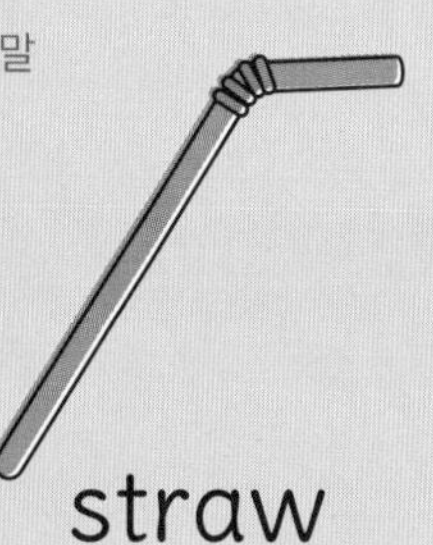

straw
[strɔː] 명 지푸라기, 빨대

ash
[æʃ] 명 재

hydrogen
[háidrədʒən] 명 수소

helium
[híːliəm] 명 헬륨

dust
[dʌst] 명 먼지

Write the Words

각 단어가 문장에서 어떻게 쓰이는지 살펴보아요.

다음 문장을 읽고, 표시된 단어를 따라 쓴 후 2번 더 써 보세요.

1 Do you know how to move heavy furniture?

무거운 가구를 어떻게 옮기는지 아세요?

2 They moved the stones with a crane.

그들은 크레인으로 돌을 옮겼다.

3 The house has a timber frame.

그 집은 목재 구조를 가지고 있다.

4 You can start with dumbbell lifting.

아령 들기부터 시작할 수 있습니다.

5 Rhinoceroses have very thick skin.

코뿔소는 아주 두꺼운 피부를 가졌다.

6 I have to carry a heavy load.

나는 무거운 짐을 옮겨야 한다.

7 They lifted the anchor and began to move.

그들은 닻을 올리고 움직이기 시작했다.

8 Master carries a heavy burden.

주인님은 무거운 짐을 옮기신다. 단어 이야기

9 People moved the rock with a lever.

사람들이 지렛대로 바위를 옮겼다.

10 Newton discovered gravity.

뉴턴이 중력을 발견했다.

단어 이야기

영화 <Lord of the Rings: The return of the King(반지의 제왕: 왕의 귀환, 2003)>에서 주인공 Frodo(프로도)는 절대반지를 파괴하러 가는 긴 여정에 오릅니다. 목에 건 절대반지의 무게 때문에 지쳐 쓰러진 프로도를 보고 Gollum(골룸)이 혼잣말을 하죠. **"Master carries a heavy burden."** burden은 단순히 무게가 무거운 것 뿐만 아니라 심리적 부담도 의미한답니다.

➔ 다음 문장을 읽고, 표시된 단어를 따라 쓴 후 2번 더 써 보세요.

1 What a big hot air balloon!

진짜 큰 열기구다! 문법 엿보기

2 Ms. Lisa is making giant bubbles for kids.

리사 선생님이 아이들을 위해 엄청 큰 비눗방울을 만들고 있다.

3 He found a leak in the gas pipe.

그는 가스 파이프에서 새는 곳을 발견했다.

4 Chili powder is used in making Kimchi.

고춧가루는 김치를 만드는 데 쓰인다.

5 A drowning man will catch at a straw.

물에 빠진 사람은 지푸라기라도 잡는다. (속담: 급한 상황에 놓이면 작은 도움도 절실하다.)

6 She looks as light as a feather.

그녀는 깃털처럼 가벼워 보인다.

7 Strong wind carried the ash.

강한 바람이 재를 날렸다.

8 Hydrogen can be the future clean energy.

수소는 미래의 청정 에너지가 될 수 있다.

9 The books are covered with dust.

책들이 먼지에 덮여 있다.

10 We need helium balloons for the party.

우리는 파티를 위해 헬륨 풍선이 필요하다.

문법 엿보기 감탄문

What a/an + 형용사 + 명사 + (주어 + 동사)!

감탄문은 how나 what으로 시작하고 **우와 정말 ~하구나**라는 뜻의 놀라움을 나타내요. what으로 시작하는 감탄문은 위의 문장처럼 a나 an이 따라오는데 뒤에 오는 명사가 복수이거나 셀 수 없으면 a/an이 빠지기도 해요. 그리고 명사 뒤에 주어 동사를 써 주기도 하고 생략하기도 한답니다.

Check the Words

A 그림을 보고, 주어진 철자로 시작하는 단어를 써 보세요.

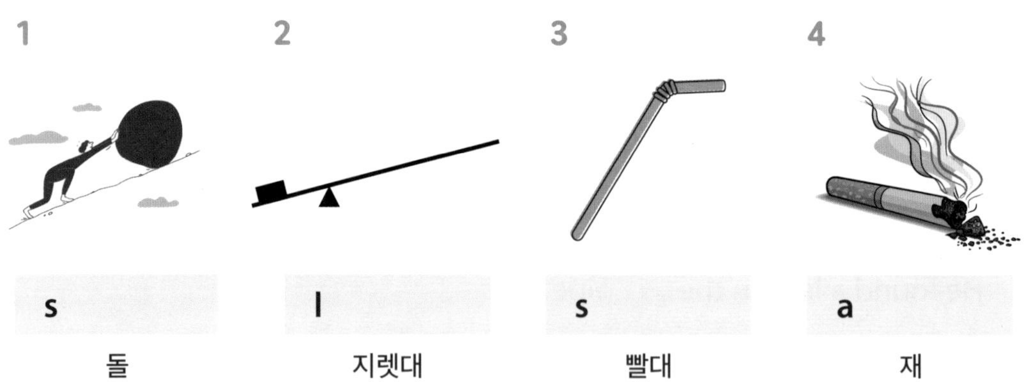

B 퍼즐에서 주어진 단어를 찾아 동그라미 하고, 빈칸에 뜻을 써 보세요. (가로, 세로뿐 아니라 대각선과 역방향으로도 단어가 숨어 있으니 잘 찾아 보세요.)

g	o	n	w	b	m	b	p	q	d	i	x
r	e	d	w	o	p	u	u	i	r	r	o
a	t	y	u	r	r	z	i	r	z	b	a
v	d	b	g	b	e	h	m	l	d	s	s
i	w	a	m	n	d	p	l	a	e	e	t
t	s	d	e	g	d	s	x	c	o	h	n
y	i	e	o	m	o	c	t	a	q	l	n
k	t	i	m	b	e	r	n	t	q	x	q

1 **burden**

2 **gas**

3 **helium**

4 **powder**

5 **gravity**

6 **timber**

C 빠진 철자를 넣어 단어를 완성하고, 빈칸에 알맞은 우리말 뜻을 쓰세요.

1 dum□be□l

2 r□inoc□r□s

3 b□llo□n

4 h□dr□□en

D 빈칸에 알맞은 단어를 골라 문장을 완성해 보세요.

1 Do you know how to move heavy ______________?

ⓐ ash ⓑ furniture ⓒ dust

2 I have to carry a heavy ______________.

ⓐ feather ⓑ gas ⓒ load

3 They lifted the ______________ and began to move.

ⓐ anchor ⓑ gravity ⓒ hydrogen

4 Ms. Lisa is making giant ______________ for kids.

ⓐ dumbbell ⓑ bubbles ⓒ rhinoceros

5 She looks as light as a ______________.

ⓐ furniture ⓑ lever ⓒ feather

6 The books are covered with ______________.

ⓐ helium ⓑ dust ⓒ anchor

MP3-**025**

straight [streit] 형 곧은

Unit 09

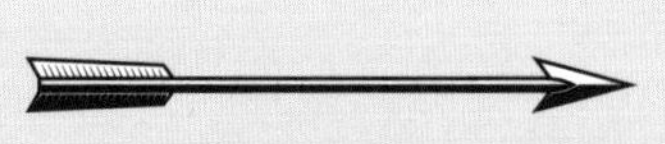

arrow
[ǽrou] 명 화살, 화살표

pole
[poul] 명 막대기, 장대, 기둥

horizon
[həráizn] 명 수평선, 지평선

tower
[táuər] 명 탑, 타워

stretch
[stretʃ] 동 늘이다, 늘어지다

spear
[spiər] 명 창
동 (창으로) 찌르다

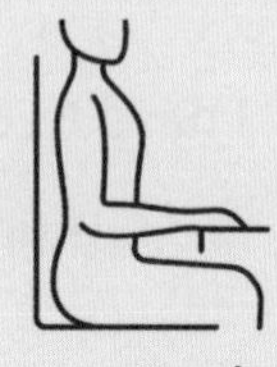

upright
[ʌ́prait] 형 (자세가) 똑바른
명 수직 기둥

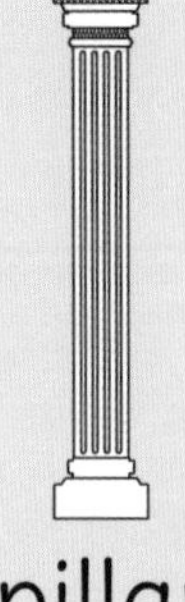

pillar
[pílər] 명 기둥

runway
[rʌ́nwei] 명 활주로

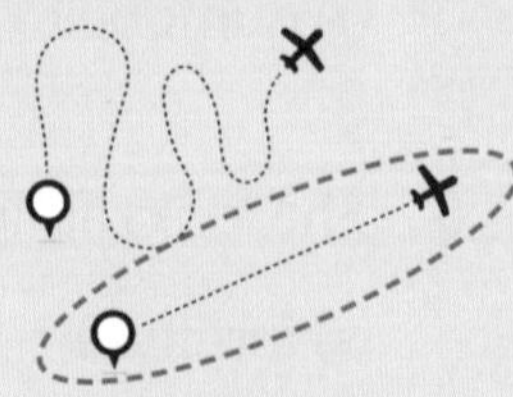

direct
[dirékt] 형 직접적인, 직행의
동 ~로 향하다

[kəːrvd] 형 곡선의 curved

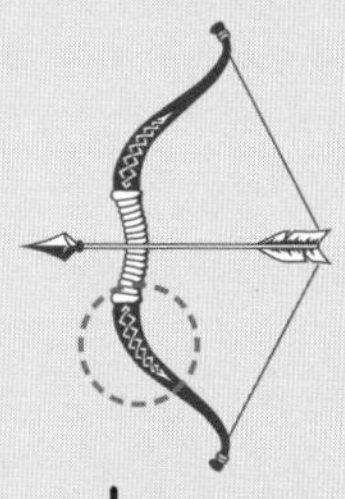

bow

[bau] 명 활
동 (허리를 굽혀) 절하다

curly

[kə́ːrli] 형 동그랗게 말린, 곱슬곱슬한

coil

[kɔil] 명 코일, 고리
동 휘감다

shrimp

[ʃrimp] 명 새우

arch

[aːrtʃ] 명 아치형 구조물
동 동그랗게 구부리다

bent

[bent] 형 구부러진, 휜

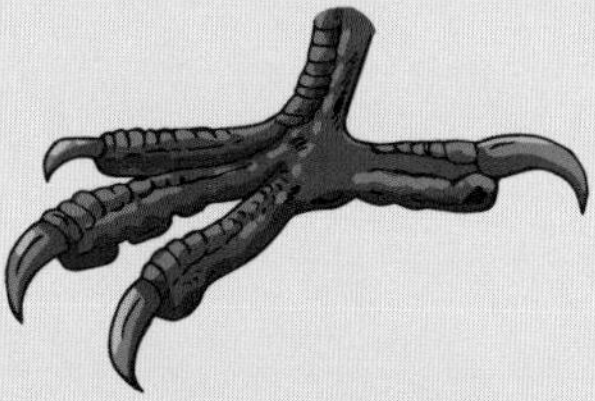

talon

[tǽlən] 명 (새의) 발톱

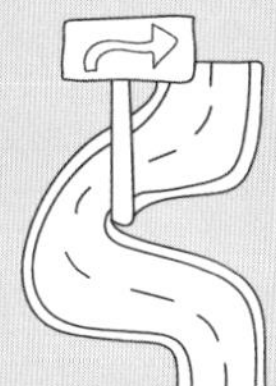

detour

[díːtuər] 명 둘러 가는 길, 우회로
동 둘러 가다

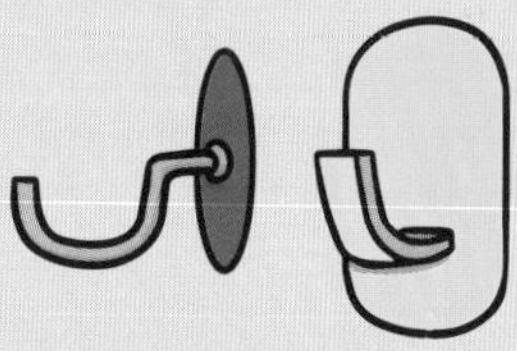

hook

[huk] 명 갈고리
동 갈고리로 걸다

flexible

[fléksəbl] 형 신축성 있는,
잘 구부러지는, 유연한

Write the Words

각 단어가 문장에서 어떻게 쓰이는지 살펴보아요.

➔ 다음 문장을 읽고, 표시된 단어를 따라 쓴 후 2번 더 써 보세요.

1 The arrow flew straight to the target.

화살이 목표까지 똑바로 날아갔다.

2 The flag flew at the top of the pole.

깃발은 깃대 꼭대기에서 휘날렸다.

3 The sun sank below the horizon.

해가 지평선 아래로 졌다.

4 You can see the whole city at Namsan Tower.

남산 타워에서 도시 전체를 볼 수 있다.

5 It feels good to stretch my arms and legs.

팔 다리를 늘리면 기분이 좋다.

6 They attacked us with their spears.

그들은 창으로 우리를 공격했다.

7 I couldn't stand upright in the attic.

나는 다락방에서 똑바로 설 수가 없었다.

8 The plane is landing on the west runway.

비행기는 서쪽 활주로로 착륙하고 있다.

9 He is hiding behind the pillar.

그는 기둥 뒤에 숨어 있다.

10 I'm on a direct flight to Seoul.

나는 서울로 가는 직항 비행기에 타고 있다.

단어 이야기

만화 영화 <Rio(리오, 2011)>는 짝을 찾아가는 앵무새 리오의 여정을 담고 있습니다. 커다란 악당새가 리오의 짝, Jewel(쥬엘)을 납치해 가자 친구들은 쥬엘을 구하고 싶지만 선뜻 용기가 나지 않아요. 덩치 큰 악당에겐 무시무시한 발톱이 있었거든요. **"Did you see the talons on that guy?"** 하고는 바로 물러서죠. 리오는 과연 친구들과 쥬엘을 구해낼 수 있을까요?

MP3-**027**

➔ 다음 문장을 읽고, 표시된 단어를 따라 쓴 후 2번 더 써 보세요.

1 They hunted bears with bow and arrow.

그들은 활과 화살로 곰을 사냥했다.

2 She has short curly hair and brown eyes.

그녀는 짧은 곱슬머리에 갈색 눈을 가졌다.

3 A coil of rope lay on the deck.

둘둘 말린 밧줄이 갑판에 놓여 있었다.

4 The park is famous for its beautiful arch.

그 공원은 아름다운 아치로 유명하다.

5 A shrimp's heart is in its head.

새우의 심장은 머리에 있다.

6 The bar is bent in the middle.

그 막대기는 중간이 구부러졌다.

7 Did you see the talons on that guy?

너 그 녀석 발톱 봤어? 단어 이야기 문법 엿보기

8 The children hung their bags on the hook.

그 아이들은 가방을 고리에 걸었다.

9 We had to make a detour around the fire.

우리는 화재 현장을 돌아가야 했다.

10 The wire should be strong and flexible.

철사는 강하고 유연해야 한다.

문법 엿보기 의문문

Do/Does + 주어 + 동사원형 ~?

일반동사의 의문문은 만들기 쉬워요. 주어 동사의 위치를 바꾸지 않고 앞에 Do나 Does를 써 주기만 하면 되니까요. 과거일 때는 Did를 쓰고요. 다시 말해 문장의 수나 시제를 모두 Do 동사에 반영하고, 뒤에 오는 원래 문장의 동사는 원형, 즉 기본형으로 바꾸어 써 주면 된답니다.

Check the Words

A 그림을 보고, 주어진 철자로 시작하는 단어를 써 보세요.

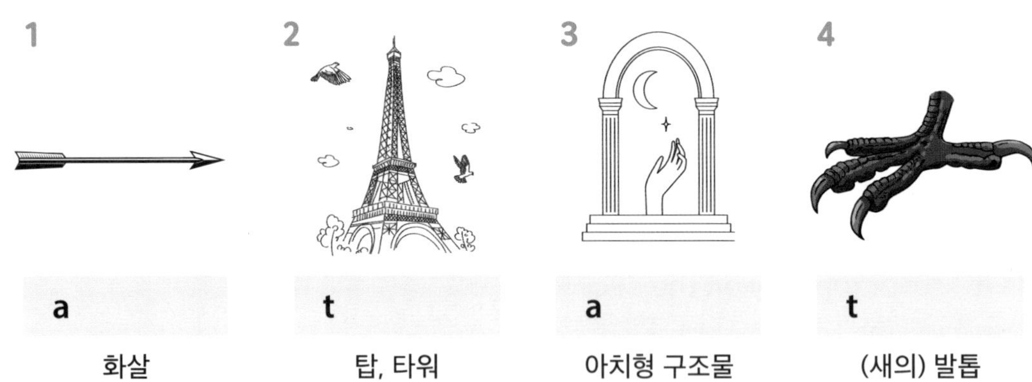

1	2	3	4
a	**t**	**a**	**t**
화살	탑, 타워	아치형 구조물	(새의) 발톱

B 퍼즐에서 주어진 단어를 찾아 동그라미 하고, 빈칸에 뜻을 써 보세요. (가로, 세로뿐 아니라 대각선과 역방향으로도 단어가 숨어 있으니 잘 찾아 보세요.)

w	s	p	h	r	h	r	w	s	k	d	r
k	x	h	j	a	g	o	r	i	s	v	k
o	m	o	d	l	b	p	t	t	d	l	h
l	b	l	h	l	f	v	r	b	q	s	o
f	a	a	x	i	e	e	i	u	e	q	o
o	p	g	r	p	t	n	h	s	d	n	k
a	e	h	f	c	r	e	x	t	k	b	t
o	j	d	h	c	s	h	r	i	m	p	u

1 **bent** ______ 2 **pillar** ______

3 **bow** ______ 4 **shrimp** ______

5 **hook** ______ 6 **stretch** ______

C 빠진 철자를 넣어 단어를 완성하고, 빈칸에 알맞은 우리말 뜻을 쓰세요.

1 h☐r☐☐on

2 ☐pri☐ht

3 run☐a☐

4 ☐le☐ib☐e

D 빈칸에 알맞은 단어를 골라 문장을 완성해 보세요.

1 The flag flew at the top of the ______________.

ⓐ talon ⓑ detour ⓒ pole

2 They attacked us with their ______________.

ⓐ spears ⓑ upright ⓒ shrimp

3 I'm on a ______________ flight to Seoul.

ⓐ arrow ⓑ direct ⓒ bent

4 She has short ______________ hair and brown eyes.

ⓐ curly ⓑ tower ⓒ runway

5 A ______________ of rope lay on the deck.

ⓐ flexible ⓑ horizon ⓒ coil

6 We had to make a ______________ around the fire.

ⓐ bow ⓑ detour ⓒ spear

MP3-**028**

pretty [príti] 형 예쁜

Unit 10

angel
[éindʒəl] 명 천사

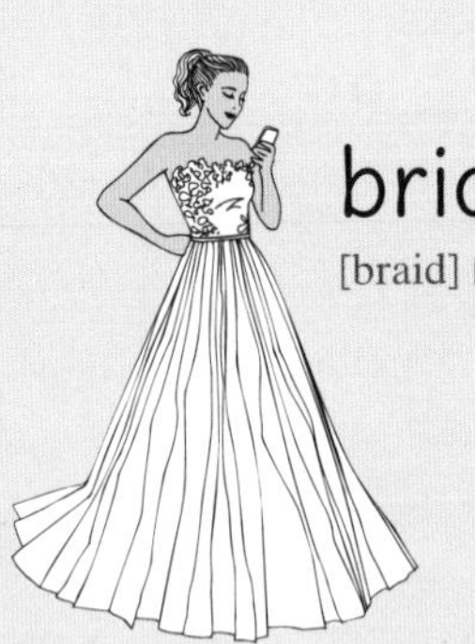

bride
[braid] 명 신부

doll
[dal] 명 인형

beauty
[bjúːti] 명 아름다움, 미인

princess
[prínses] 명 공주

cute
[kjuːt] 형 귀여운

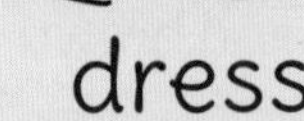

dress
[dres] 명 드레스, 원피스
동 (옷을) 입다, 입히다

attractive
[ətrǽktiv] 형 매력적인

decorate
[dékəreit] 동 장식하다, 꾸미다

daughter
[dɔ́ːtər] 명 딸

MP3-**029**

[ʌ́gli] 형 못생긴 ugly

beast

[biːst] 명 야수, 짐승

weed

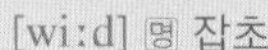

[wiːd] 명 잡초

rusty

[rʌ́sti] 형 녹슨

worn

[wɔːrn] 형 해진, 닳은

goblin

[gάblin] 명 도깨비, 고블린

garbage

[gάːrbidʒ] 명 쓰레기

burp

[bəːrp] 동 트림하다
명 트림

vomit

[vάmit] 동 토하다

duckling

[dʌ́kliŋ] 명 새끼 오리

mosquito

[məskíːtou] 명 모기

Write the Words

각 단어가 문장에서 어떻게 쓰이는지 살펴보아요.

다음 문장을 읽고, 표시된 단어를 따라 쓴 후 2번 더 써 보세요.

1 Everything has beauty, but not everyone sees it.
모든 것은 아름다움을 가지고 있지만, 모두가 그것을 볼 수 있는 것은 아니다. (명언)

2 Children are all angels who bring joy.
아이들은 모두 기쁨을 가져다 주는 천사들이다. 문법 엿보기

3 That dress is too short for you.
그 원피스는 너에게 너무 짧다.

4 My sister got a Barbie doll for her birthday.
내 여동생은 생일에 바비인형을 받았다.

5 Once upon a time, there was a beautiful princess.
옛날 옛적에 아름다운 공주가 살았다.

6 Your kitten looks so cute!
네 고양이 정말 귀엽다!

7 His voice is very attractive.
그의 목소리는 아주 매력적이다.

8 The room was decorated with gold.
그 방은 금색으로 꾸며져 있었다.

9 She loves spending time with her daughter.
그녀는 딸과 시간을 보내는 것을 아주 좋아한다.

10 The bride was dressed in white.
신부는 하얀 옷을 입고 있었다.

단어 이야기

영화 <Beauty and the Beast(미녀와 야수, 2017)>는 유명한 디즈니 만화를 실사판으로 촬영한 것입니다. 잘생긴 왕자는 도움을 청하는 노파를 외모가 흉하다는 이유로 내치게 되고, 그 벌로 흉측한 야수가 되는 마법에 걸리죠. 진정한 사랑을 받아야 다시 사람이 될 수 있기에 절망에 빠져 이렇게 말합니다. **"Who could ever learn to love a beast?"**

MP3-**030**

➔ 다음 문장을 읽고, 표시된 단어를 따라 쓴 후 2번 더 써 보세요.

1 Who could ever learn to love a beast?
누가 야수를 사랑할 수 있을까요? 단어 이야기

2 I pulled out the weeds from the garden.
나는 정원에서 잡초를 뽑았다.

3 My bicycle looks a bit rusty.
내 자전거는 좀 녹슨 것 같다.

4 His backpack is worn out.
그의 배낭은 닳아서 못쓴다.

5 Goblins play tricks on people.
도깨비들은 사람들을 골탕 먹인다.

6 Can you take out the garbage?
쓰레기 좀 가지고 나가 줄래?

7 I feel like I'm going to vomit.
나는 토할 거 같다.

8 My dad burped loudly.
우리 아빠는 큰 소리로 트림을 했다.

9 The ugly duckling was a beautiful swan.
미운 오리 새끼는 아름다운 백조였다.

10 I got ten mosquito bites last night.
나는 어젯밤 모기에 10군데나 물렸다.

문법 엿보기 관계대명사 who

관계대명사는 두 문장을 연결해 주는 역할을 하는데, 가리키는 단어가 사람일 때는 who를 써요. 상황에 따라 that을 쓰기도 하고 whom을 쓰기도 하지요. 원래의 두 문장에 공통으로 있는 단어가 사람인지 사물인지 확인하고, 사람이고 주어 역할을 한다면 who를, 사물이면 which나 that을 쓴답니다.

Check the Words

A 도형 주변에 있는 철자를 알맞게 배열해 뜻에 맞는 단어를 써 보세요.

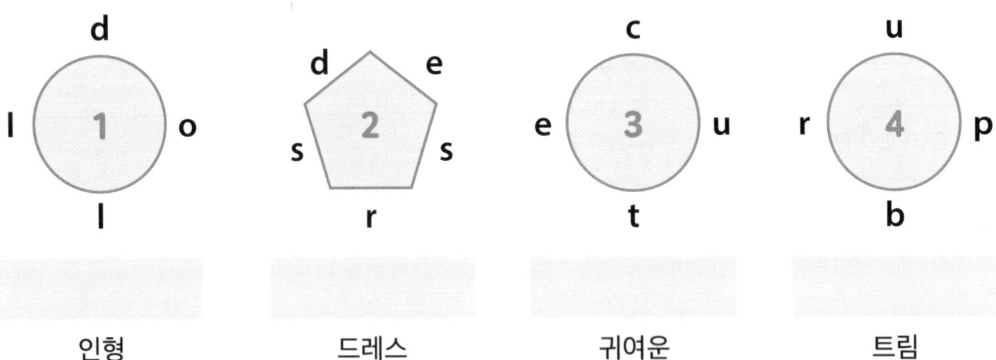

인형 드레스 귀여운 트림

B 퍼즐에서 주어진 단어를 찾아 동그라미 하고, 빈칸에 뜻을 써 보세요. (가로, 세로뿐 아니라 대각선과 역방향으로도 단어가 숨어 있으니 잘 찾아 보세요.)

k	s	g	f	s	w	j	b	x	j	k	y
k	a	b	o	s	s	i	s	q	l	t	t
d	v	b	v	b	k	e	z	x	s	t	d
w	o	r	n	c	l	h	c	u	n	n	e
p	m	c	n	e	z	i	r	n	l	x	e
u	i	t	i	a	m	l	n	o	i	v	w
e	t	y	d	r	a	j	m	n	s	r	o
q	t	n	y	t	u	h	x	f	b	p	p

1 **goblin**

2 **weed**

3 **princess**

4 **vomit**

5 **worn**

6 **rusty**

C 빠진 철자를 넣어 단어를 완성하고, 빈칸에 알맞은 우리말 뜻을 쓰세요.

1 a☐tra☐tiv☐

2 d☐c☐ra☐e

3 da☐g☐ter

4 m☐sq☐it☐

D 빈칸에 알맞은 단어를 골라 문장을 완성해 보세요.

1 Everything has ______________, but not everyone sees it.

ⓐ goblin ⓑ beauty ⓒ doll

2 Children are all ______________ who bring joy.

ⓐ angels ⓑ bride ⓒ rusty

3 The ______________ was dressed in white.

ⓐ weed ⓑ vomit ⓒ bride

4 Who could ever learn to love a ______________?

ⓐ beast ⓑ cute ⓒ burp

5 Can you take out the ______________?

ⓐ worn ⓑ garbage ⓒ daughter

6 The ugly ______________ was a beautiful swan.

ⓐ duckling ⓑ mess ⓒ attractive

Word Check List

➔ 아는 단어 앞에 √ 표시를 해 보세요. 기억나지 않는 단어는 다시 확인해 암기하세요.

√	단어	√	단어	√	단어
	wet		rectangle		heavy
	shower		flag		furniture
	puddle		bill		stone
	umbrella		textbook		timber
	slippery		laptop		dumbbell
	soak		keyboard		rhinoceros
	steam		frame		load
	swamp		passport		anchor
	humid		wallet		burden
	dew		locker		lever
	drizzle		postcard		gravity
	dry		circle		light
	desert		necklace		balloon
	hay		donut		bubble
	raisin		coin		gas
	crisp		planet		powder
	towel		pupil		straw
	dryer		sunflower		feather
	wrinkle		nest		ash
	drought		compass		hydrogen
	cactus		globe		dust
	waterproof		marble		helium

√	단어	√	단어
	straight		pretty
	arrow		angel
	pole		bride
	horizon		doll
	tower		beauty
	stretch		princess
	spear		cute
	upright		dress
	runway		attractive
	pillar		decorate
	direct		daughter
	curved		ugly
	bow		beast
	curly		weed
	coil		rusty
	arch		worn
	shrimp		goblin
	bent		garbage
	talon		vomit
	hook		burp
	detour		duckling
	flexible		mosquito

성질을 떠올려 기억해요

MP3-**031**

hot [hat] 형 뜨거운

Unit 01

volcano
[valkéinou] 명 화산

boil
[bɔil] 동 끓이다

flame
[fleim] 명 불꽃

Amazon
[ǽməzən] 명 아마존

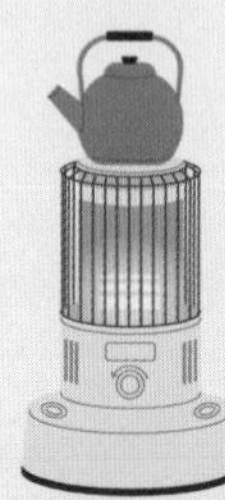

stove
[stouv] 명 난로

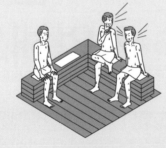

sauna
[sɔ́ːnə] 명 사우나

tropical
[trápikəl] 형 열대의, 열대 지방의

lava
[láːvə] 명 용암

grill
[gril] 명 석쇠
동 석쇠로 굽다

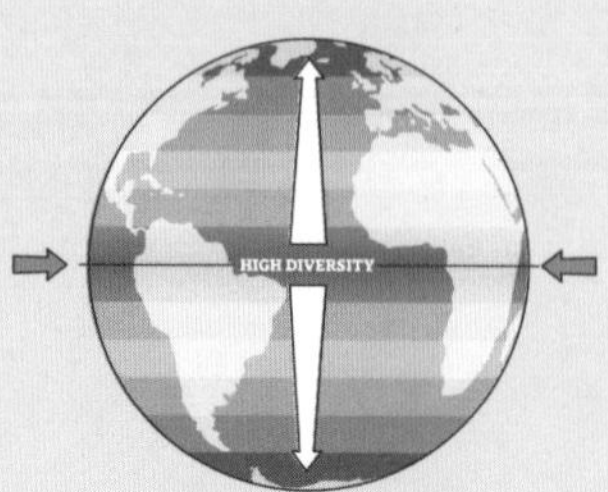

equator
[ikwéitər] 명 적도

[kould] 형 차가운 cold

chill

[tʃil] 명 냉기, 오한
동 아주 춥게 만들다

polar

[póulər] 형 극지방의, 북극의, 남극의

north

[nɔːrθ] 명 북쪽
형 북쪽에 있는

igloo

[íglu:] 명 이글루

blizzard

[blízərd] 명 눈보라

frost

[frɔːst] 명 서리

refrigerator

[rifrídʒəreitər] 명 냉장고

Antarctica

[æntάːrktikə] 명 남극 대륙

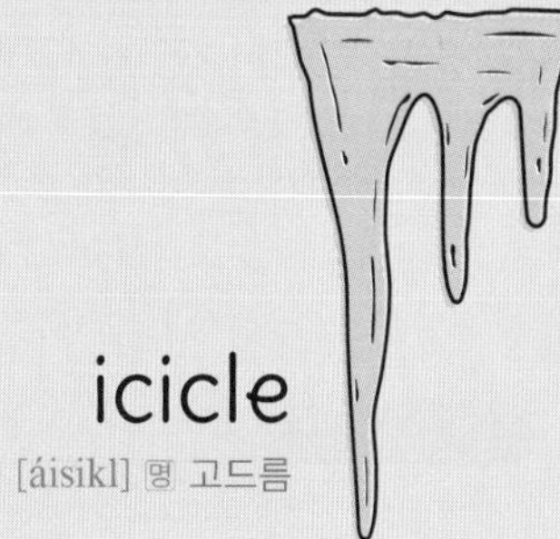

icicle

[áisikl] 명 고드름

penguin

[péŋgwin] 명 펭귄

Write the Words

각 단어가 문장에서 어떻게 쓰이는지 살펴보아요.

➔ 다음 문장을 읽고, 표시된 단어를 따라 쓴 후 2번 더 써 보세요.

1 The largest active volcano is Mauna Loa.
가장 큰 활화산은 마우나 로아이다.

2 The flames are still burning.
불꽃이 여전히 타오르고 있다.

3 The Amazon rainforest is called the lungs of the earth.
아마존 열대 우림은 지구의 허파로 불린다.

4 Water boils at 100 degrees Celsius.
물은 섭씨 100도에서 끓는다.

5 She put a pot of water on the stove.
그녀는 물 한 냄비를 난로 위에 올렸다.

6 Lava flows out of a volcano.
용암은 화산 밖으로 흐른다.

7 I like tropical fruits, such as mangoes and bananas.
나는 망고와 바나나 같은 열대과일을 좋아한다.

8 Grill the sausages and onions.
소시지랑 양파를 구우세요.

9 Have you been to a sauna called jjimjilbang?
찜질방이라는 사우나에 가본 적 있나요?

10 Some countries are on the equator.
어떤 나라들은 적도를 지나는 위치에 있다.

단어 이야기

만화 영화 <Madagascar(마다가스카, 2005)>에는 뉴욕의 동물원에 살고 있는 사자, 기린, 하마, 얼룩말과 엄청난 카리스마를 내뿜는 펭귄들이 등장합니다. 동물원을 탈출하려고 열심히 땅을 파던 펭귄들은 얼룩말에게 들키게 되고, 뭐하는 거냐고 묻는 말에 당당하게 대답하죠. **"We're digging to Antarctica."** 과연, 펭귄들은 남극에 도착했을까요?

MP3-**033**

➔ 다음 문장을 읽고, 표시된 단어를 따라 쓴 후 2번 더 써 보세요.

1 A stove keeps off the night chill.
난로가 밤의 냉기를 막아준다.

2 The farther north we went, the colder it became.
북쪽으로 멀리 가면 갈수록, 더 추워졌다. 문법 엿보기

3 An igloo is warmer than a tent.
이글루는 텐트보다 따뜻하다.

4 Polar ice caps are melting.
극지방의 만년설이 녹고 있다.

5 They had to walk home in the blizzard.
그들은 눈보라 속에서 집에 걸어와야 했다.

6 The garden was covered in frost.
정원이 서리로 뒤덮였다.

7 I found some juice in the refrigerator.
나는 냉장고에서 주스를 찾았다.

8 We're digging to Antarctica.
우리는 남극까지 땅을 파고 있다. 단어 이야기

9 Most penguins live below the equator.
대부분의 펭귄들은 적도 아래쪽(남반구)에 산다.

10 Do not stand under icicles.
고드름 아래 서 있지 마시오.

문법 엿보기 비교급

the + 비교급, the + 비교급

비교급을 이용한 표현 중 **…하면 할수록 더 ~하다**라고 해석이 되는 구문입니다. the 다음에 '형용사 + er' 또는 'more + 형용사'를 이용하여 비교급을 만들고, 뒤에 '주어 + 동사'를 써 주면 됩니다. 문장의 어순이 낯설기 때문에 자칫 어렵게 느껴질 수 있으니 예문을 꼭 외워 두세요.

Check the Words

A 제시된 뜻의 단어가 될 수 있도록 철자들을 알맞게 배열해 주세요.

1	f a l e m	불꽃	flame
2	n t o r h	북쪽	
3	i c c i l e	고드름	
4	s e t v o	난로	

B 힌트를 보고, 크로스워드 퍼즐에 알맞은 단어를 써 보세요.

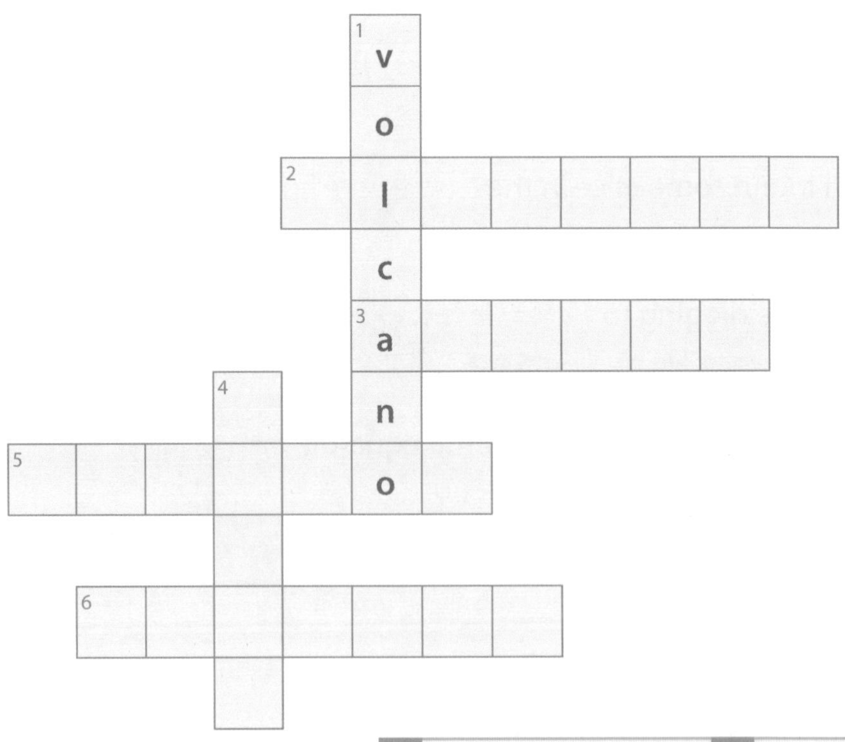

Across 2 눈보라 3 아마존 5 적도 6 펭귄

Down 1 화산 4 사우나

C 주어진 단어의 뜻을 보고, 빠진 철자를 넣어 단어를 완성하세요.

1 열대의 t [r] o p [i] [c] a l

2 냉장고 r [ ] [ ] [ ] i g e r [ ] t o [ ]

3 남극 대륙 [ ] [ ] t a r [ ] t i [ ] a

4 이글루 [ ] [ ] l o [ ]

D 빈칸에 알맞은 단어를 <보기>에서 골라 문장을 완성하세요. (동사의 경우 수를 일치하고, 대문자가 필요한 경우에는 대문자로 표기하세요.)

보기 boil lava grill chill polar frost

1 Water ___boils___ at 100 degrees Celsius.

2 ______________ flows out of a volcano.

3 A stove keeps off the night ______________.

4 The garden was covered in ______________.

5 ______________ the sausages and onions.

6 ______________ ice caps are melting.

slow [slou] 형 느린

snail
[sneil] 명 달팽이

lazy
[léizi] 형 게으른

stair
[stεər] 명 계단

turtle
[tə́:rtl] 명 거북이

tricycle
[tráisəkl] 명 세발자전거

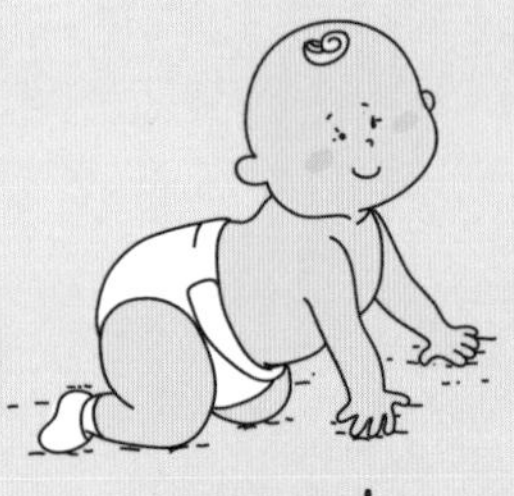

crawl
[krɔ:l] 동 기다, 기어가다

ferment
[fə:rmént] 동 발효되다, 발효시키다

sloth
[slouθ]
명 나무늘보, 게으름

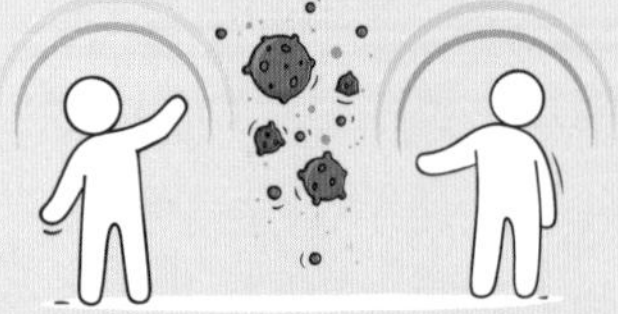

cautious
[kɔ́:ʃəs] 형 신중한, 조심스러운

pedestrian
[pədéstriən] 명 보행자

MP3-**035**

fast

[fæst] 형 빠른

machine

[məʃíːn] 명 기계

speed

[spiːd] 명 속도, 빠름
동 빨리 가다

lightning

[láitniŋ] 명 번개

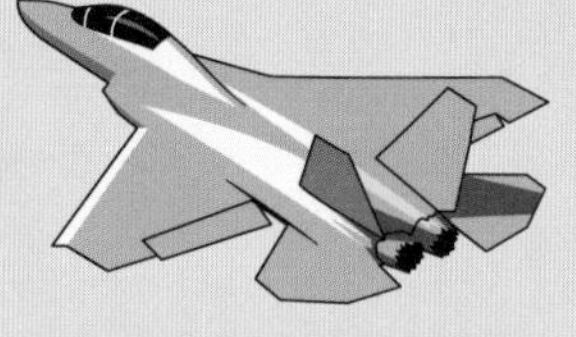

jet

[dʒet] 명 제트기
동 비행기를 타고 가다

hurry

[hə́ːri] 동 서두르다

hare

[hɛər] 명 산토끼

comet

[kάmit] 명 혜성

elevator

[éliveitər] 명 엘리베이터

spaceship

[spéisʃip] 명 우주선

bullet

[búlit] 명 총알

Write the Words

각 단어가 문장에서 어떻게 쓰이는지 살펴보아요.

다음 문장을 읽고, 표시된 단어를 따라 쓴 후 2번 더 써 보세요.

1 A snail has a hard shell on its back.
달팽이는 등에 딱딱한 껍데기가 있다.

2 The student was smart but lazy.
그 학생은 똑똑하지만 게을렀다.

3 I climbed the stairs slowly.
나는 천천히 계단을 올라갔다.

4 The giant turtle lives almost 200 years.
큰 거북이는 거의 200년을 산다.

5 My little sister is riding a pink tricycle.
내 여동생이 분홍색 세발자전거를 타고 있다.

6 The baby crawled across the floor.
아기는 바닥을 기어갔다.

7 Sloths can crawl up to about 150cm per minute.
나무늘보는 최대 1분에 약 150센티미터 속도로 기어갈 수 있다.

8 My father is a very cautious driver.
우리 아빠는 매우 조심스럽게 운전하신다.

9 You can see bubbles when kimchi is fermented.
김치가 발효되면 기포를 볼 수 있다.

10 This road is well designed for pedestrians.
이 길은 보행자들을 위해 잘 디자인되었다.

단어 이야기

영화 <Don't Look Up(돈 룩 업, 2021)>은 지구를 향해 날아오는 혜성과 그것을 둘러싼 사람들의 어처구니없는 욕심에 관한 이야기입니다. 혜성을 발견한 과학자는 대통령을 찾아 위기를 알려 주려고 하지만 아무도 그의 말을 귀담아듣지 않죠. 그래서 동료 과학자가 다시 강조해 말합니다. **"What Dr. Mindy is trying to say is there's a comet headed towards Earth. A very large comet.**(민디 박사님께서 하시려는 말씀은 지구를 향해서 혜성이 날아오고 있다는 겁니다. 아주 큰 혜성이요.)**"**

MP3-**036**

➔ 다음 문장을 읽고, 표시된 단어를 따라 쓴 후 2번 더 써 보세요.

1 The machine is working properly.
그 기계는 잘 작동하고 있다.

2 We can't drive at full speed here.
우리는 여기서는 전속력으로 달릴 수 없어요.

3 Rabbits are much smaller than hares.
토끼는 산토끼보다 훨씬 작다. 문법 엿보기

4 If you don't hurry, you'll miss the train.
서두르지 않으면 당신은 기차를 놓치게 될 것이다.

5 The tree was struck by lightning.
그 나무는 번개를 맞았다.

6 Is a jet faster than an airplane?
제트기가 비행기보다 빠른가요?

7 We'd better take the elevator.
우리는 엘리베이터를 타는 게 낫겠다.

8 Rockets take the spaceship up to space.
로켓들이 그 우주선을 우주까지 쏘아 올린다.

9 There's a comet headed towards Earth.
지구를 향해 날아오는 혜성이 있다. 단어 이야기

10 He was wearing a bullet-proof vest.
그는 방탄 조끼를 입고 있었다.

문법 엿보기 비교급 강조

much + 비교급
형용사와 부사의 비교급을 강조할 때는 much, far, even, still, a lot 등을 비교급 앞에 쓰고 **훨씬**이라고 해석해요. much smaller 하면 **훨씬 작은**, far more dangerous 하면 **훨씬 더 위험한**이라는 뜻이 된답니다.

Check the Words

A 제시된 뜻의 단어가 될 수 있도록 철자들을 알맞게 배열해 주세요.

1	c a l r w	기다	
2	s l h o t	나무늘보	
3	h r e a	산토끼	
4	s l i n a	달팽이	

B 힌트를 보고, 크로스워드 퍼즐에 알맞은 단어를 써 보세요.

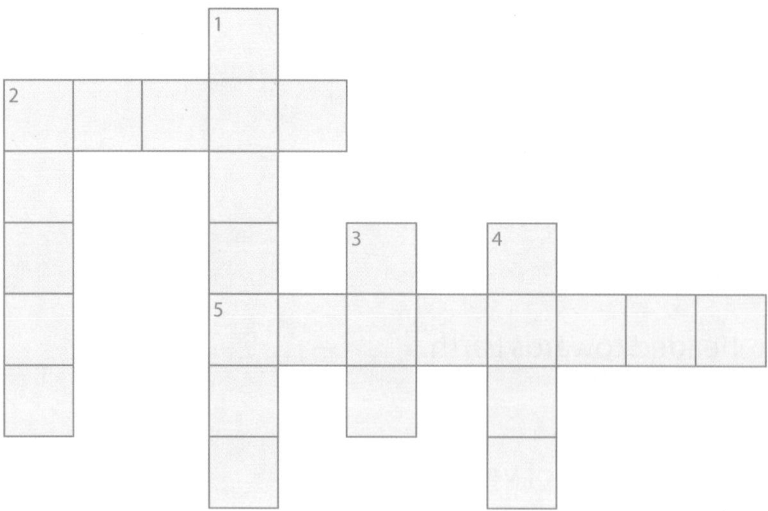

Across		Down	
2	속도	1	발효되다
5	엘리베이터	2	계단
		3	제트기
		4	게으른

C 주어진 단어의 뜻을 보고, 빠진 철자를 넣어 단어를 완성하세요.

1 세발자전거 t☐ic☐cle

2 보행자 p☐d☐str☐☐n

3 우주선 sp☐ce☐☐ip

4 번개 li☐☐☐ning

D 빈칸에 알맞은 단어를 <보기>에서 골라 문장을 완성하세요. (동사의 경우 수를 일치하고, 대문자가 필요한 경우에는 대문자로 표기하세요.)

보기 bullet comet machine turtle cautious hurry

1 He was wearing a ____________________-proof vest.

2 The giant ____________________ lives almost 200 years.

3 My father is a very ____________________ driver.

4 The ____________________ is working properly.

5 If you don't ____________________, you'll miss the train.

6 There's a ____________________ headed towards Earth.

MP3-037

solid [sάlid] 형 고체의

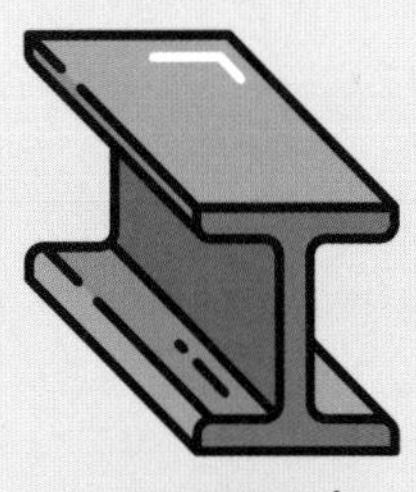

metal
[métl] 명 금속

plastic
[plǽstik] 명 플라스틱

glass
[glæs] 명 유리, 잔

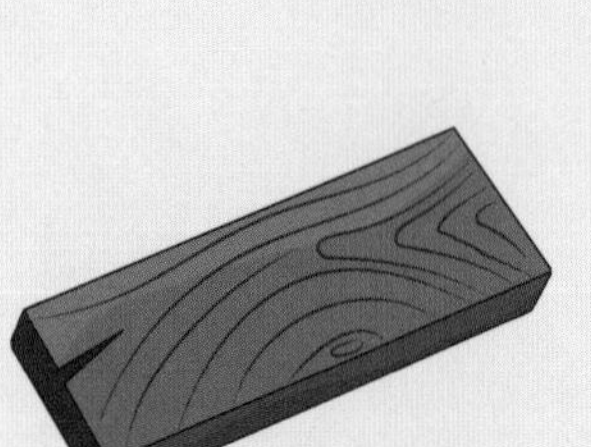

wood
[wud] 명 나무, 목재

gold
[gould] 명 금 형 금빛의

firm
[fəːrm] 형 딱딱한, 단단한

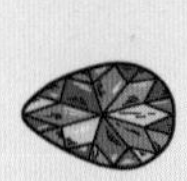
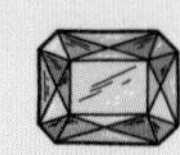

gem
[dʒem] 명 보석

magnet
[mǽgnit] 명 자석

chocolate
[tʃɔ́ːklət] 명 초콜릿

iceberg
[áisbəːrg] 명 빙산

MP3-038

[líkwid] 형 액체의

liquid

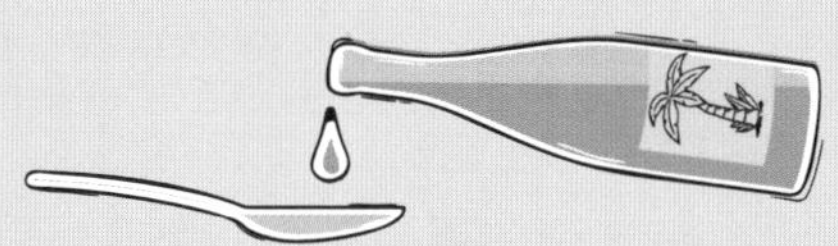

oil

[ɔil] 명 기름, 석유

drink

[driŋk] 명 음료
동 마시다

tea

[tiː] 명 차

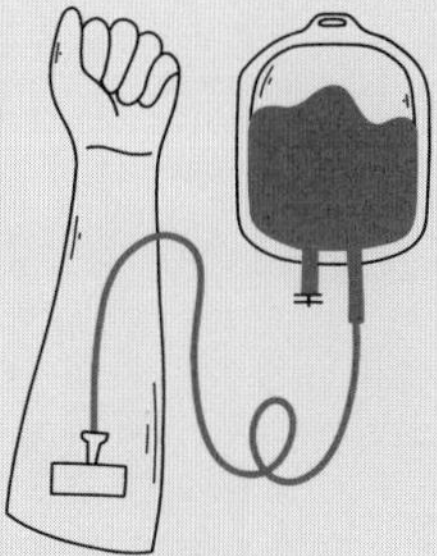

blood

[blʌd] 명 피

soup

[suːp] 명 수프

melt

[melt] 동 녹다, 녹이다

tear

[tiər] 명 눈물

honey

[hʌ́ni] 명 꿀

soda

[sóudə] 명 탄산음료

alcohol

[ǽlkəhɔːl] 명 술, 알코올

Write the Words

각 단어가 문장에서 어떻게 쓰이는지 살펴보아요.

→ 다음 문장을 읽고, 표시된 단어를 따라 쓴 후 2번 더 써 보세요.

1 This locker is made of metal.
이 사물함은 금속으로 만들어졌다.

2 Many people try not to use plastic straws.
많은 사람이 플라스틱 빨대를 사용하지 않기 위해 노력한다.

3 All wood tends to shrink.
모든 목재는 수축하는 경향이 있다.

4 We can recycle glass bottles.
우리는 유리병을 재활용할 수 있다.

5 I was hoping to win the gold medal.
나는 금메달을 따고 싶었다.

6 She chose a firm mattress for me.
그녀는 나를 위해 딱딱한 매트리스를 골랐다.

7 The Earth is a large magnet.
지구는 거대한 자석이다.

8 Life is like a box of chocolate.
인생은 초콜릿 상자와 같다. 단어 이야기

9 Dragons love gold and gems.
용은 금과 보석을 좋아한다.

10 It's just the tip of the iceberg.
그것은 빙산의 일각일 뿐이다.

단어 이야기

영화 <Forrest Gump(포레스트 검프, 1994)>는 오래된 영화지만 감동적인 대사가 많기로 유명하죠. 남들보다 조금 낮은 지능을 가진 포레스트에게 엄마는 항상 모든 것을 쉽게 설명해 줍니다. **"Life is like a box of chocolate."** 어떤 맛의 초콜릿을 먹게 될지 알 수는 없지만 그저 주어지는 대로 열심히 살라는 엄마의 현명한 당부였던 것이죠.

MP3-**039**

➔ 다음 문장을 읽고, 표시된 단어를 따라 쓴 후 2번 더 써 보세요.

1 The squeaky wheel gets the oil.
빼걱거리는 바퀴가 기름을 얻는다. (속담: 우는 아이 젖 준다.)

2 Would you like something to drink?
뭐 마실 것 좀 드릴까요?

3 The tea was too hot to drink.
차는 마시기에 너무 뜨거웠다. **문법 엿보기**

4 The red blood cells carry oxygen.
적혈구는 산소를 운반한다.

5 They serve hot soup for breakfast.
그들은 아침으로 뜨거운 수프를 제공한다.

6 The snow was beginning to melt.
눈이 녹기 시작하고 있었다.

7 She suddenly burst into tears.
그녀는 갑자기 울음을 터뜨렸다.

8 My grandma likes honey in her ginger tea.
우리 할머니는 생강차에 꿀 넣는 것을 좋아하신다.

9 I'll have pizza and a soda.
나는 피자랑 탄산음료를 먹을 것이다.

10 His face turns red when he drinks alcohol.
그는 술을 마시면 얼굴이 빨개진다.

문법 엿보기 too *A* to *B*

too + 형용사/부사 + to + 동사원형

too는 '너무 ~하다'는 뜻이죠. too *A* to *B*의 형태로 쓰인다면 ***B*****하기엔 너무 *A*하다**로 해석할 수 있습니다. 비슷한 뜻을 가진 so ~ that … 구문으로 바꾸는 문제가 시험에 종종 출제되지요. 'so + *A* + that + 주어 + can't + *B*' 형태로 바꿔 쓸 수 있어요.

Check the Words

A 제시된 뜻의 단어가 될 수 있도록 철자들을 알맞게 배열해 주세요.

1 **w o d o** 나무

2 **g l o d** 금

3 **g m e** 보석

4 **s u p o** 수프

B 힌트를 보고, 크로스워드 퍼즐에 알맞은 단어를 써 보세요.

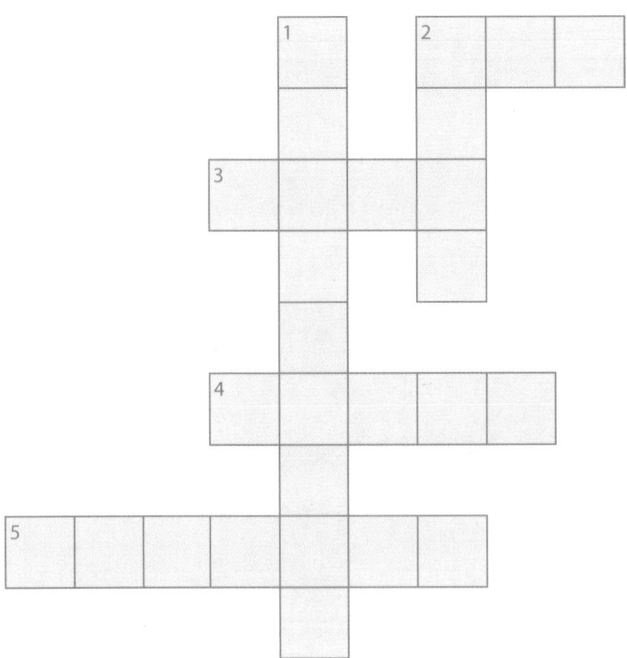

Across		Down
2 차	3 탄산음료	1 초콜릿
4 유리	5 플라스틱	2 눈물

C 주어진 단어의 뜻을 보고, 빠진 철자를 넣어 단어를 완성하세요.

1 꿀 h☐n☐☐

2 자석 m☐☐ne☐

3 빙산 i☐eb☐☐☐

4 술 al☐☐h☐l

D 빈칸에 알맞은 단어를 <보기>에서 골라 문장을 완성하세요. (동사의 경우 수를 일치하고, 대문자가 필요한 경우에는 대문자로 표기하세요.)

보기	metal	oil	drink	melt	firm	blood

1 This locker is made of ____________________.

2 Would you like something to ____________________?

3 She chose a ____________________ mattress for me.

4 The squeaky wheel gets the ____________________.

5 The red ____________________ cells carry oxygen.

6 The snow was beginning to ____________________.

MP3-**040**

summer [sʌ́mər] 명 여름

Unit 04

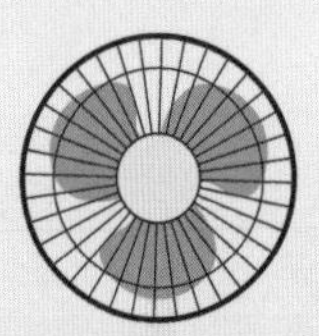

fan
[fæn] 명 선풍기, 환풍기

sunny
[sʌni] 형 화창한, 햇살이 비추는

beach
[biːtʃ] 명 해변, 바닷가

solar
[sóulər] 형 태양의,
태양열을 이용한

swimsuit
[swímsuːt] 명 수영복

sweat
[swet] 명 땀
동 땀을 흘리다

vacation
[veikéiʃən] 명 방학, 휴가

surfing
[sə́ːrfiŋ] 명 파도타기, 서핑

firefly
[fáiərflai] 명 반딧불이

watermelon
[wɔ́tərmelən] 명 수박

[wíntər] 명 겨울 winter

ski
[skiː] 명 스키
동 스키를 타다

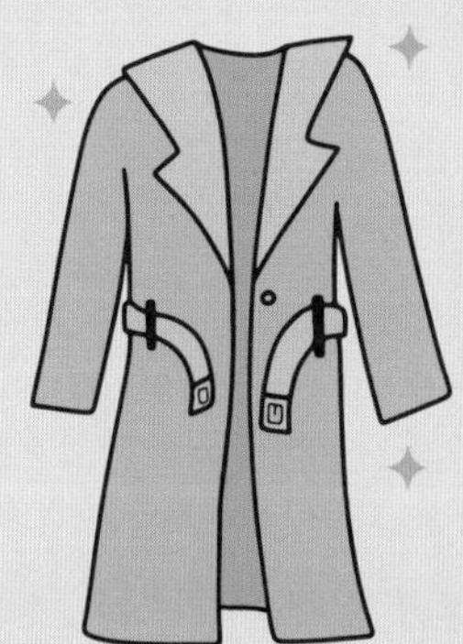

coat
[kout] 명 외투, 코트

sled
[sled] 명 썰매
동 썰매를 타다

snowman
[snóumæn] 명 눈사람

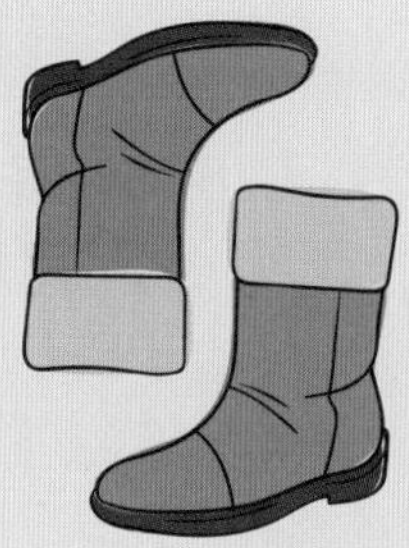

boot
[buːt] 명 장화(보통 boots)

sweater
[swétər] 명 스웨터

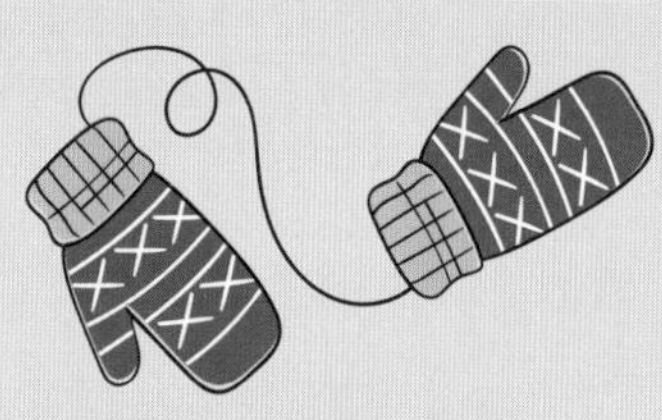

mitten
[mítn] 명 벙어리장갑

fireplace
[fáiərpleis] 명 벽난로

Christmas
[krísməs] 명 크리스마스

hibernate
[háibərneit] 동 겨울잠을 자다

Write the Words

각 단어가 문장에서 어떻게 쓰이는지 살펴보아요.

➔ 다음 문장을 읽고, 표시된 단어를 따라 쓴 후 2번 더 써 보세요.

1 Would you turn on the fan, please?

선풍기 좀 틀어 주실래요?

2 We spent the day at the beach.

우리는 해변에서 하루를 보냈다.

3 There are eight planets in the solar system.

태양계에는 8개의 행성이 있다.

4 I hope it's sunny this weekend.

이번 주말은 해가 났으면 좋겠다.

5 He was sweating a lot after running.

그는 달리기를 하고 나서 땀을 많이 흘리고 있었다.

6 Summer vacation is my favorite time of the year.

여름 방학은 일년 중 내가 가장 좋아하는 시기이다.

7 I took surfing lessons with my family.

나는 가족들과 서핑 수업을 받았다.

8 You may find fireflies when you go camping.

캠핑에 가면 반딧불이를 발견할 수도 있다.

9 I changed into my swimsuit.

나는 수영복으로 갈아입었다.

10 A watermelon is both a fruit and a vegetable.

수박은 과일이면서 채소이다.

단어 이야기

만화 영화 <Frozen(겨울왕국, 2013)> 속 귀여운 여동생 Anna(안나)는 언니와 놀고 싶어 방문을 두드립니다. 영화 속 원 대사는 **"Do you wanna build a snowman?"**이었죠. 언니가 계속 대답이 없자 **"It doesn't have to be a snowman.**(꼭 눈사람이 아니어도 돼.)**"**라며 더 애절하게 부탁하지만 동생을 해치게 될까 두려운 언니는 끝내 문을 열어주지 않죠.

MP3-**042**

➔ 다음 문장을 읽고, 표시된 단어를 따라 쓴 후 2번 더 써 보세요.

1 I started skiing in elementary school.
나는 초등학교 때 스키를 타기 시작했어.

2 The children are riding their sleds in the snow.
아이들은 눈 속에서 썰매를 타고 있다.

3 Do you want to build a snowman?
눈사람 만들래? 단어 이야기

4 Put your coat on, it's cold outside.
밖이 추우니 코트를 입어라.

5 Have you seen the movie "Puss in Boots"?
<장화신은 고양이> 영화 본 적 있나요?

6 She was wearing a lamb's wool sweater.
그녀는 양털 (모직) 스웨터를 입고 있었다.

7 She gave me snow-white mittens.
그녀가 나에게 눈처럼 하얀 벙어리 장갑을 주었다. 문법 엿보기

8 They sat in front of the fireplace.
그들은 벽난로 앞에 앉았다.

9 The children enjoy decorating the Christmas tree.
아이들은 크리스마스 트리 꾸미는 것을 좋아한다.

10 Hibernating animals seem almost dead.
겨울잠을 자는 동물들은 거의 죽은 것처럼 보인다.

문법 엿보기 4형식 문장

give *A B*
문장의 형식을 공부할 때 자주 등장하는 구문으로 ***A*에게 *B*를 준다**는 뜻입니다. give him a candy 하면 '그에게 사탕을 준다'가 되겠죠. 이때 *A*, *B*의 위치를 바꾸어 쓸 수도 있는데요, give a candy to him으로 to를 넣어서 쓰면 된답니다. give *A B* 문장은 4형식 문장의 대표로 기억해 두면 좋아요.

Check the Words

A 제시된 뜻의 단어가 될 수 있도록 철자들을 알맞게 배열해 주세요.

1 b e c h a 바닷가

2 s i k 스키

3 s l d e 썰매

4 c o t a 외투

B 힌트를 보고, 크로스워드 퍼즐에 알맞은 단어를 써 보세요.

1 2 3 4 5 6

Across

2 땀 5 겨울잠을 자다

6 부츠

Down

1 수영복 3 크리스마스

4 반딧불이

C 주어진 단어의 뜻을 보고, 빠진 철자를 넣어 단어를 완성하세요.

1 벽난로 f□□epl□c□

2 수박 w□t□rm□□on

3 눈사람 s□□□man

4 스웨터 sw□□te□

D 빈칸에 알맞은 단어를 <보기>에서 골라 문장을 완성하세요. (동사의 경우 수를 일치하고, 대문자가 필요한 경우에는 대문자로 표기하세요.)

보기 fan vacation mittens solar surfing sunny

1 Would you turn on the ____________________, please?

2 There are eight planets in the ____________________ system.

3 Summer ____________________ is my favorite time of the year.

4 I hope it's ____________________ this weekend.

5 She gave me snow-white ____________________.

6 I took ____________________ lessons with my family.

spring [spriŋ] 명 봄

picnic
[píknik] 명 소풍, 피크닉

frog
[frɔːg] 명 개구리

allergy
[ǽlərdʒi] 명 알레르기

begin
[bigín] 동 시작하다

bloom
[bluːm] 명 꽃
동 꽃을 피우다, 꽃이 피다

camping
[kǽmpiŋ] 명 캠핑, 야영

breeze
[briːz] 명 산들바람

sow
[sou] 동 (씨를) 뿌리다

bud
[bʌd] 명 싹, 꽃봉오리
동 싹을 틔우다

pollen
[pɑ́lən] 명 꽃가루

[fɔːl] 명 가을 fall

scarf
[skaːrf] 명 스카프, 목도리

brown
[braun] 명 갈색 형 갈색의

ripen
[ráipən] 동 익다, 익히다

pear
[pɛər] 명 배

harvest
[háːrvist] 명 수확, 추수

Halloween
[hælouíːn] 명 핼러윈

pumpkin
[pʌ́mpkin] 명 호박

Thanksgiving
[θæŋksgíviŋ] 명 추수감사절

persimmon
[pəːrsímən] 명 감

scarecrow
[skérkrou] 명 허수아비

Write the Words

각 단어가 문장에서 어떻게 쓰이는지 살펴보아요.

➔ 다음 문장을 읽고, 표시된 단어를 따라 쓴 후 2번 더 써 보세요.

1 We could go on a picnic this weekend.
우리는 이번 주말에 소풍 갈 수 있다.

2 Frogs drink water through their skin.
개구리는 피부를 통해 수분을 흡수한다.

3 What time does the movie begin?
그 영화는 몇 시에 시작하나요?

4 I have an allergy to nuts.
나는 견과류에 알레르기가 있다.

5 Most roses bloom from late spring.
대부분의 장미는 늦봄부터 핀다.

6 My family used to go camping when I was a child.
내가 어릴 때 우리 가족은 캠핑을 가곤 했다. 문법 엿보기

7 I felt the spring breeze blowing over my face.
내 얼굴에 불어오는 봄의 산들바람을 느꼈다.

8 The tree has plenty of buds in spring.
봄에는 그 나무에 수많은 봉오리를 볼 수 있다.

9 You might have a pollen allergy.
꽃가루 알레르기가 있나 보다. 단어 이야기

10 You reap what you sow.
뿌린 대로 거둔다. (속담: 자기가 한 행동에 따라 결과가 나타난다.)

단어 이야기

만화 영화 <Hotel Transylvania 4(몬스터 호텔 4, 2022)>에서는 사고로 드라큘라가 사람이 되고, 유일한 사람이었던 Johnny(조니)가 괴물로 변하죠. 갑자기 나약해진 드라큘라가 재채기를 해대자 조니가 말합니다. **"I think you might have a pollen allergy."** 병약한 건 원래 인간인 조니 담당이었는데 말이죠.

MP3-**045** 

➔ 다음 문장을 읽고, 표시된 단어를 따라 쓴 후 2번 더 써 보세요.

1 The snowman is wearing a scarf around his neck.
눈사람은 목에 목도리를 두르고 있다.

2 The leaves turn red, yellow and brown in fall.
가을에는 나뭇잎들이 붉은색, 노란색, 갈색으로 변한다.

3 Fresh pears are juicy and sweet.
신선한 배는 즙이 많고 달다.

4 We had a good harvest this year.
올해는 풍년이다.

5 Kimchi needs a period of ripening.
김치는 익는 시간이 필요하다.

6 Each pumpkin has about 500 seeds.
호박 한 개는 약 500개의 씨를 가지고 있다.

7 Children dress up in costumes on Halloween.
아이들은 핼러윈에 특유의 복장을 차려 입는다.

8 My grandfather put a scarecrow in the field.
할아버지는 밭에 허수아비를 세우셨다.

9 Families get together on Thanksgiving Day.
가족들은 추수감사절에 모인다.

10 Sweet persimmons are very popular in Korea.
단감은 한국에서 매우 대중적이다.

문법 엿보기 used to

used to + 동사원형
과거의 습관을 나타내는 표현으로 **~하곤 했었다**로 해석합니다. 과거에는 그랬지만 지금은 그렇지 않다는 의미도 숨어 있지요. 'be동사 + used'가 수동태로 쓰이는 문장과 구분할 줄 알아야 하고, 특히 'be동사 + used to + -ing'는 '~하는 데 익숙하다'는 뜻이므로 헷갈리지 않도록 주의해야 한답니다.

Check the Words

A 제시된 뜻의 단어가 될 수 있도록 철자들을 알맞게 배열해 주세요.

1 f o g r 개구리

2 s a r c f 스카프

3 b d u 싹

4 p e r a 배

B 힌트를 보고, 크로스워드 퍼즐에 알맞은 단어를 써 보세요.

Across
3 산들바람
5 허수아비
Down
1 익다
2 추수
4 갈색(의)
6 캠핑

C 주어진 단어의 뜻을 보고, 빠진 철자를 넣어 단어를 완성하세요.

1 소풍 p☐☐n☐c

2 알레르기 a☐☐☐rgy

3 핼러윈 H☐ll☐☐een

4 감 p☐rsi☐☐on

D 빈칸에 알맞은 단어를 <보기>에서 골라 문장을 완성하세요. (동사의 경우 수를 일치하고, 대문자가 필요한 경우에는 대문자로 표기하세요.)

보기	bloom	begin	sow	pumpkin	pollen	Thanksgiving

1 What time does the movie ______________?

2 Most roses ______________ from late spring.

3 You reap what you ______________.

4 You might have a ______________ allergy.

5 Each ______________ has about 500 seeds.

6 Families get together on ______________ Day.

Word Check List

➡ 아는 단어 앞에 √ 표시를 해 보세요. 기억나지 않는 단어는 다시 확인해 암기하세요.

√	단어	√	단어	√	단어
	hot		slow		solid
	volcano		snail		metal
	flame		lazy		plastic
	Amazon		stair		wood
	boil		turtle		glass
	stove		tricycle		gold
	lava		crawl		firm
	tropical		sloth		magnet
	grill		cautious		chocolate
	sauna		ferment		gem
	equator		pedestrian		iceberg
	cold		fast		liquid
	chill		machine		oil
	north		speed		drink
	igloo		hare		tea
	polar		hurry		blood
	blizzard		lightning		soup
	frost		jet		melt
	refrigerator		elevator		tear
	Antarctica		spaceship		honey
	penguin		comet		soda
	icicle		bullet		alcohol

√	단어	√	단어
	summer		spring
	fan		picnic
	beach		frog
	solar		begin
	sunny		allergy
	sweat		bloom
	vacation		camping
	surfing		breeze
	firefly		bud
	swimsuit		pollen
	watermelon		sow
	winter		fall
	ski		scarf
	sled		brown
	snowman		pear
	coat		harvest
	boot		ripen
	sweater		pumpkin
	mitten		Halloween
	fireplace		scarecrow
	Christmas		Thanksgiving
	hibernate		persimmon

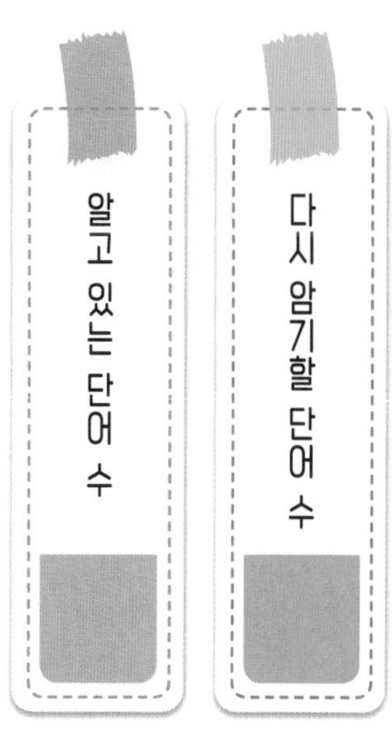

MP3-**046**

ocean [óuʃən] 명 바다

Unit 06

sail

[seil] 동 항해하다
명 돛, 항해

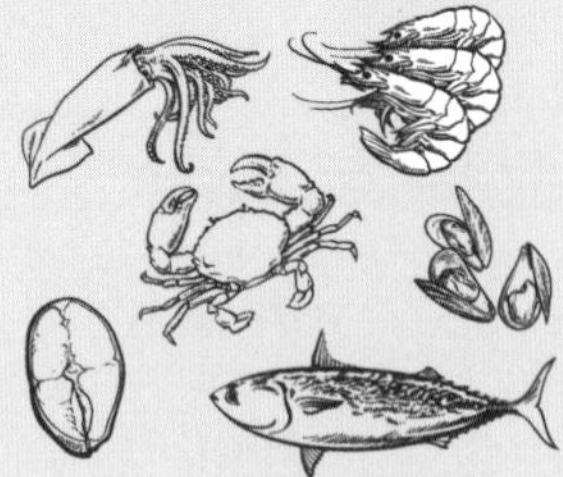

seafood

[sí:fud] 명 해산물

tide

[taid] 명 조류, 밀물과 썰물

coral

[kɔ́:rəl] 명 산호

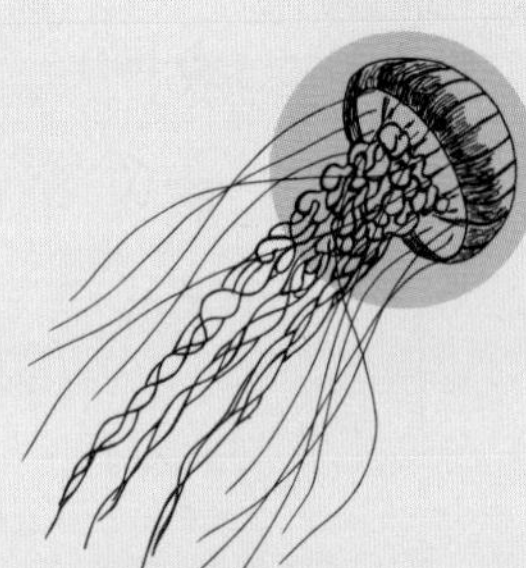

jellyfish

[dʒélifiʃ] 명 해파리

dolphin

[dάlfin] 명 돌고래

fisherman

[fíʃərmən] 명 어부, 낚시꾼

seaweed

[síwi:d] 명 (김, 미역 등의) 해초, 해조류

submarine

[sʌbmərí:n] 명 잠수함

mermaid

[mə́:rmeid] 명 인어

land

[lænd] 명 육지

field

[fiːld] 명 들판, 밭, 운동 경기장

soil

[sɔil] 명 토양, 흙

lawn

[lɔːn] 명 잔디밭, 잔디 구장

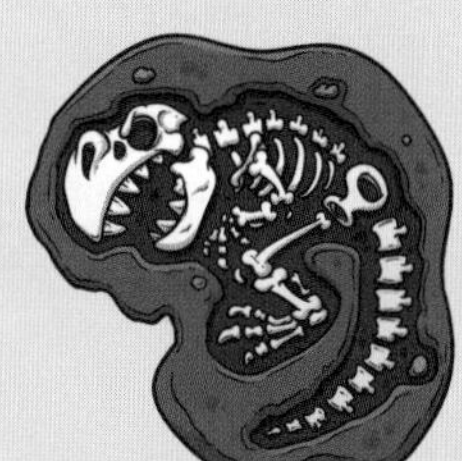

fossil

[fásl] 명 화석

farmer

[fáːrmər] 명 농부

mountain

[máuntn] 명 산

geology

[dʒiálədʒi] 명 지질학

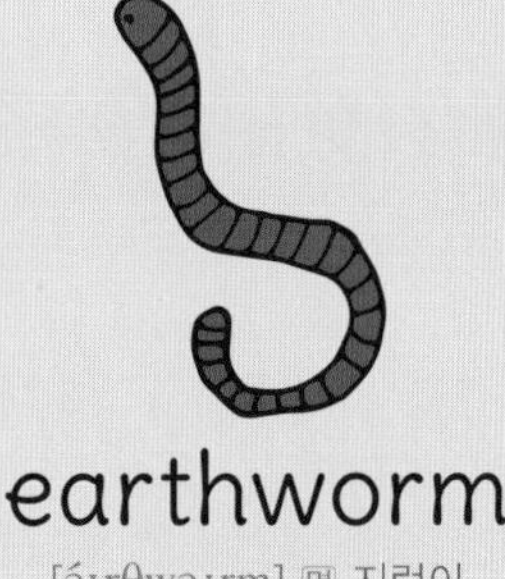

earthworm

[ə́ːrθwəːrm] 명 지렁이

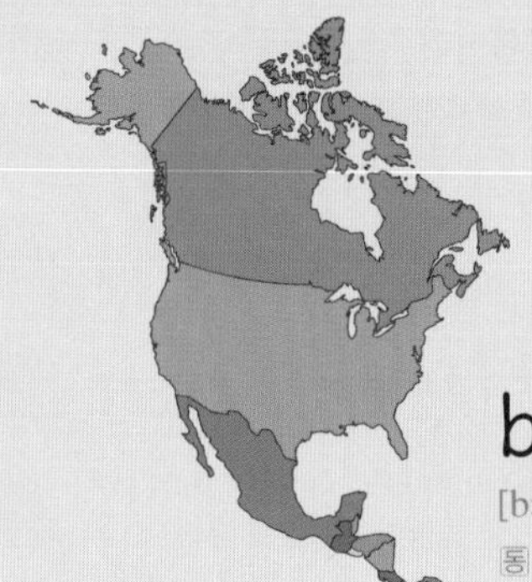

border

[bɔ́ːrdər] 명 경계, 국경
동 경계를 이루다

continent

[kántənənt] 명 대륙

Write the Words

각 단어가 문장에서 어떻게 쓰이는지 살펴보아요.

➔ 다음 문장을 읽고, 표시된 단어를 따라 쓴 후 2번 더 써 보세요.

1 They'll sail from Jeju to Busan.
그들은 제주에서 부산까지 항해할 것이다.

2 Gravity causes the tides in the sea.
중력은 바다에 조류를 일으킨다.

3 Corals are animals, not plants.
산호는 식물이 아니라 동물이다.

4 Seafood must be fresh and clean.
해산물은 신선하고 깨끗해야 한다.

5 Dolphins can live up to 50 years.
돌고래는 50살까지 살 수 있다.

6 Jellyfish don't have brains.
해파리는 뇌가 없다.

7 Gim is the most common seaweed in Korea.
김은 한국에서 가장 흔한 해조류이다.

8 He is a fisherman and fishing boat captain.
그는 어부이면서 어선의 선장이다.

9 You can travel underwater in a submarine.
잠수함을 타고 해저를 여행할 수 있다.

10 A mermaid is a woman who has a fish's tail.
인어는 물고기의 꼬리를 가진 여자이다.

단어 이야기

영화 <Jurassic World: Dominion(쥬라기 월드: 도미니언, 2022)>은 쥬라기 공원으로 시작된 공룡 시리즈의 최신판으로 공룡들과 함께 살게 된 인간 세상을 배경으로 합니다. 원문은 **"As the dinosaur spread across borders, a global black market has risen.**(공룡들이 국경을 넘어 퍼져 나가면서 세계적인 암시장이 생겨났다.)**"**로 사람들이 비밀리에 공룡을 사고 파는 데까지 이른 상황을 보여 주죠.

MP3-**048**

➔ 다음 문장을 읽고, 표시된 단어를 따라 쓴 후 2번 더 써 보세요.

1 We camped overnight in a field.
우리는 밤새 들판에서 야영을 했다.

2 He turned over the soil.
그는 토양을 갈아 엎었다.

3 She was watering the lawn.
그녀는 잔디에 물을 주고 있었다.

4 Dinosaur fossils were found in Korea.
한국에서 공룡 화석이 발견되었다.

5 The farmer sowed the fields with corn.
농부는 밭에 옥수수를 심었다.

6 My parents like mountain climbing.
우리 부모님은 등산을 좋아하신다.

7 Earthworms don't have eyes, arms, or legs.
지렁이는 눈도 팔다리도 없다. 문법 엿보기

8 The dinosaur spread across borders.
공룡들이 경계를 넘어 퍼져 나갔다. 단어 이야기

9 He studied rocks in a geology class.
그는 지질학 수업에서 암석에 대해 연구했다.

10 Antarctica's ice cap covers most of the continent.
남극의 만년설은 남극 대륙의 대부분을 덮고 있다.

문법 엿보기 나열하기

A, *B*, and[or] *C*
세 가지 이상을 나열하는 방법을 알아볼까요? 두 가지라면 *A* and *B*나 *A* or *B*로 쓰면 되지만, 나열할 것이 세 개 이상이라면 and/or를 계속 써야 할까요? 아무리 많은 것을 나열하더라도 앞 부분은 모두 쉼표로 연결하고 맨 마지막 단어 앞에만 and/or를 써 주면 된답니다.

Check the Words

A 제시된 뜻의 단어가 될 수 있도록 철자들을 알맞게 배열해 주세요.

1 s i a l 항해하다

2 t i e d 조류

3 s i l o 토양

4 l a n w 잔디밭

B 힌트를 보고, 크로스워드 퍼즐에 알맞은 단어를 써 보세요.

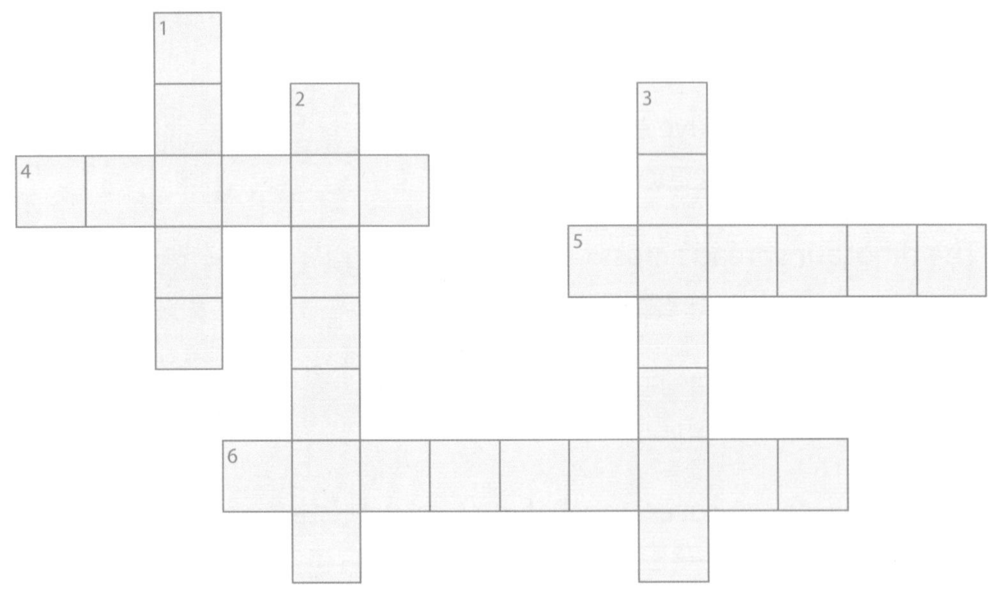

Across		Down	
4 국경	5 농부	1 산호	2 해산물
6 대륙		3 해초	

C 주어진 단어의 뜻을 보고, 빠진 철자를 넣어 단어를 완성하세요.

1 해파리 j☐☐☐yfi☐h

2 인어 m☐rm☐☐d

3 산 m☐☐☐t☐☐n

4 지렁이 e☐☐thw☐☐m

D 빈칸에 알맞은 단어를 <보기>에서 골라 문장을 완성하세요. (동사의 경우 수를 일치하고, 대문자가 필요한 경우에는 대문자로 표기하세요.)

보기	dolphins	fossils	submarine	field	fisherman	geology

1 ____________ can live up to 50 years.

2 He is a ____________ and fishing boat captain.

3 You can travel underwater in a ____________.

4 Dinosaur ____________ were found in Korea.

5 We camped overnight in a ____________.

6 He studied rocks in a ____________ class.

MP3-**049**

city [síti] 명 도시

Unit 07

busy

[bízi] 형 바쁜, 열심인

traffic

[trǽfik] 명 도로 위의 차량들, 교통량

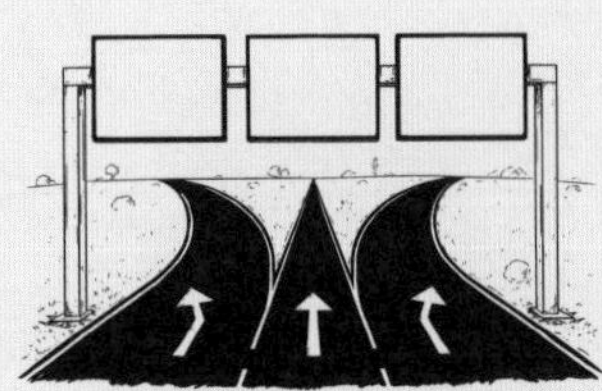

highway

[háiwei] 명 고속 도로

urban

[ə́ːrbən] 형 도시의

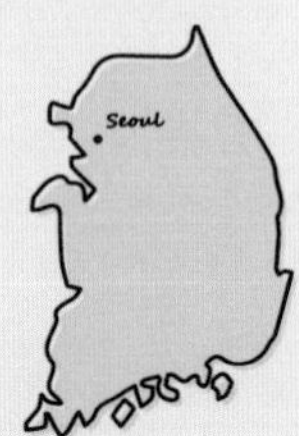

capital

[kǽpətl] 명 수도, 자본

crowded

[kráudid] 형 붐비는, 복잡한

downtown

[dauntáun] 부 시내에
형 도심지의

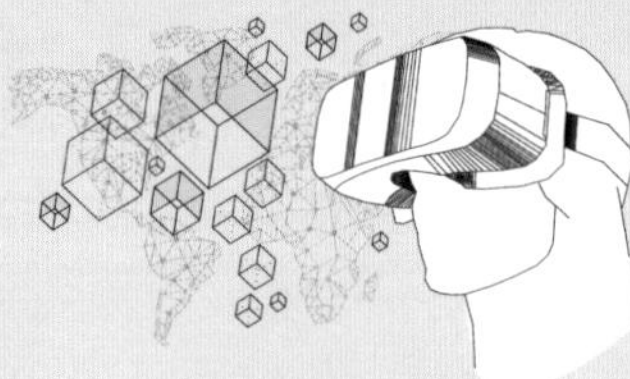

artificial

[ɑːrtifíʃl] 형 인공의, 인조의

technology

[teknɑ́lədʒi] 명 (과학) 기술

skyscraper

[skáiskreipər] 명 고층 건물

[kʌ́ntri] 명 시골 country

rural
[rúərəl] 형 시골의, 지방의

barn
[baːrn] 명 헛간, 외양간, 차고

region
[ríːdʒən] 명 지방, 지역

orchard
[ɔ́ːrtʃərd] 명 과수원

suburb
[sʌ́bəːrb] 명 교외
(도시를 벗어난 주택 지역)

meadow
[médou] 명 목초지, 초원

agriculture
[ǽgrikʌltʃər] 명 농업

village
[vílidʒ] 명 (시골) 마을, 촌락

peaceful
[píːsfl] 형 평화로운

hometown
[hóumtaun] 명 고향

Write the Words

각 단어가 문장에서 어떻게 쓰이는지 살펴보아요.

다음 문장을 읽고, 표시된 단어를 따라 쓴 후 2번 더 써 보세요.

1 I was too busy to go there.
나는 너무 바빠서 거기 갈 수 없었다.

2 There is always heavy traffic in Seoul.
서울에는 항상 교통이 복잡하다.

3 My family was on the highway into the city.
우리 가족은 도시로 가는 고속 도로를 타고 있었어요.

4 Crime rates are higher in urban areas.
도시 지역에서 범죄율이 더 높다.

5 Paris is the capital of France.
파리는 프랑스의 수도이다.

6 Be careful when you walk on crowded streets.
붐비는 거리를 걸을 땐 조심해라. 문법 엿보기

7 We've visited the palace in downtown Seoul.
우리는 서울 시내에 있는 궁궐을 방문했다.

8 People are giving artificial flowers.
사람들은 조화를 선물하고 있다. 단어 이야기

9 Which city is known as a technology city?
어느 도시가 기술 도시로 알려져 있나요?

10 The café is at the top of the skyscraper.
그 카페는 고층 건물 맨 위층에 있다.

단어 이야기

만화 영화 <Bee Movie(꿀벌 대소동, 2007)> 속 주인공 꿀벌 Barry(베리)에겐 사람 친구 Vanessa(바네사)가 있습니다. 바네사도 베리에겐 속을 터놓고 이야기하죠. 꽃을 사랑하는 바네사는 사람들이 생화가 아닌 조화를 선물하는 것을 안타까워해요. **"I don't know why, but instead of flowers, people are giving balloon bouquets now, and artificial flowers.**(왜 그런지 모르겠지만, 요즘 사람들은 꽃 대신에 풍선 부케나 조화를 선물해.)"

MP3-**051**

➔ 다음 문장을 읽고, 표시된 단어를 따라 쓴 후 2번 더 써 보세요.

1 My grandparents live in a rural area.
우리 조부모님들은 시골에 사신다.

2 A barn is a home for farm animals.
헛간은 농장 동물들의 집이다.

3 The region is famous for fossils.
그 지방은 화석으로 유명하다.

4 We're going to an orchard to pick apples.
우리는 사과를 따러 과수원에 갈 것이다.

5 Jisoo was born in a suburb of Seoul.
지수는 서울 교외 지역에서 태어났다.

6 The meadow was filled with wildflowers.
들판은 야생화로 가득했다.

7 He moved to a mountain village.
그는 산골 마을로 이사를 갔다.

8 I had a peaceful morning without my brother.
나는 남동생없이 평화로운 아침을 보냈다.

9 Agriculture is very important to our economy.
농업은 우리 경제에 매우 중요하다.

10 She left her hometown when she was a child.
그녀는 어렸을 때 고향을 떠났다.

문법 엿보기 명령이나 지시하는 문장

명령문

명령문은 **~해라**라고 상대방에게 어떤 행동을 명령하거나 지시하는 문장입니다. 명령문은 주로 주어 없이 바로 동사원형으로 시작해요. 공손하게 표현할 때는 문장 맨 앞이나 맨 뒤에 please를 붙여 주기도 하죠. 동사원형 앞에 Don't를 쓰면 반대로 **~하지 마라**라는 뜻이 돼요.

Check the Words

A 제시된 뜻의 단어가 될 수 있도록 철자들을 알맞게 배열해 주세요.

1 b s y u 바쁜

2 c a a p t l i 수도

3 r u l r a 시골의

4 b n a r 헛간

B 힌트를 보고, 크로스워드 퍼즐에 알맞은 단어를 써 보세요.

Across		Down	
3 지방, 지역	5 인공의	1 교외	2 시내에
6 목초지		4 고속 도로	

C 주어진 단어의 뜻을 보고, 빠진 철자를 넣어 단어를 완성하세요.

1 과학 기술 te□□nol□□□

2 고층 건물 sk□s□□ap□r

3 평화로운 p□□ce□□l

4 고향 h□m□t□□n

D 빈칸에 알맞은 단어를 <보기>에서 골라 문장을 완성하세요. (동사의 경우 수를 일치하고, 대문자가 필요한 경우에는 대문자로 표기하세요.)

보기 traffic orchard urban agriculture crowded village

1 There is always heavy ____________ in Seoul.

2 Crime rates are higher in ____________ areas.

3 Be careful when you walk on ____________ streets.

4 He moved to a mountain ____________.

5 We're going to an ____________ to pick apples.

6 ____________ is very important to our economy.

MP3-**052**

plant [plænt] 명 식물

crop
[krap] 명 (농)작물

root
[ru:t] 명 뿌리, 근원
동 뿌리내리다

seed
[si:d] 명 씨앗
동 씨를 뿌리다

stem
[stem] 명 (식물의) 줄기

branch
[bræntʃ] 명 나뭇가지, 분점
동 갈라지다

petal
[pétl] 명 꽃잎

wheat
[wi:t] 명 밀

botanic
[bətǽnik] 형 식물의

florist
[flɔ́:rist] 명 꽃집 주인,
꽃꽂이 전문가

sprout
[spraut] 동 싹이 나다, 생기다
명 새싹

animal

[ǽniməl] 명 동물

fur
[fəːr] 명 (동물의) 털, 모피

leather
[léðər] 명 가죽

prey
[prei] 명 먹이, 사냥감

predator
[prédətər] 명 포식자

hunter
[hʌ́ntər] 명 사냥꾼

livestock
[láivstak] 명 가축

zookeeper
[zúːkiːpər] 명 동물원 사육사

wildlife
[wáildlaif] 명 야생 동물

footprint
[fútprint] 명 발자국

migration
[maigréiʃən] 명 (사람, 철새 등의 대규모) 이주, 이동

Write the Words

각 단어가 문장에서 어떻게 쓰이는지 살펴보아요.

➜ 다음 문장을 읽고, 표시된 단어를 따라 쓴 후 2번 더 써 보세요.

1 Crops need sunshine, water, and good soil.
곡물은 태양과 물, 좋은 토양이 필요하다.

2 Money is the root of all evil.
돈은 모든 악의 근원이다. (속담: 돈에 과한 욕심을 부리면 문제가 생길 수 있다.)

3 You can sow the seeds in that pot.
그 화분에 씨앗을 심어도 된다.

4 The stems keep the leaves in the light.
줄기는 잎들이 빛을 향해 있도록 해준다.

5 They chopped branches off the tree.
그들은 나무에서 가지를 잘라냈다.

6 The cake is decorated with rose petals.
케이크는 장미 꽃잎으로 장식되어 있다.

7 I've seen fields of ripening wheat.
나는 밀이 익어가는 밭을 보았다.

8 I always wanted to be a florist.
나는 항상 꽃집 주인이 되고 싶었다.

9 We often go on a field trip to a botanic garden.
우리는 자주 식물원으로 견학을 간다.

10 It takes two more days for the seeds to sprout.
씨에서 싹이 나려면 이틀 더 걸린다. 문법 엿보기

단어 이야기

만화 영화 <Zootopia(주토피아, 2016)> 속 세상에는 맹수들과 초식 동물들이 함께 사이좋게 살아가고 있습니다. 호랑이도 토끼와 친구가 될 수 있는 그야말로 동물들의 낙원(zoo+Utopia)이죠. 덕분에 아기 호랑이는 이렇게 말할 수 있답니다. **"I don't have to be a lonely hunter anymore."**

MP3-054

➔ 다음 문장을 읽고, 표시된 단어를 따라 쓴 후 2번 더 써 보세요.

1 Many animals are hunted for their fur.
많은 동물이 털 때문에 사냥을 당한다.

2 The cowboy was wearing a leather jacket.
카우보이는 가죽 재킷을 입고 있었다.

3 The weak zebras are easy prey for lions.
약한 얼룩말들은 사자에게 쉬운 먹잇감이 된다.

4 What are the predators of penguins?
펭귄의 포식자들은 무엇일까요?

5 I don't have to be a lonely hunter anymore.
나는 더 이상 외로운 사냥꾼이 되지 않아도 된다. 단어 이야기

6 We see livestock such as cows and sheep on a farm.
우리는 농장에서 소나 양 같은 가축을 본다.

7 A lot of wildlife is losing their homes.
많은 야생 동물들이 그들의 집을 잃고 있다.

8 The hunters followed the footprints of a deer.
사냥꾼들이 사슴의 발자국을 쫓아갔다.

9 The zookeeper is taking good care of the baby panda.
그 동물원 사육사는 아기 판다를 잘 돌보고 있다.

10 The birds began their migration south.
새들은 남쪽으로 가는 대이동을 시작했다.

문법 엿보기 시간을 나타내는 표현

it takes *A* for *B* to *C*
***B*가 *C*하는 데 *A*(의 시간이)가 걸린다**는 뜻으로 takes 다음에 시간, for 다음에 행위의 주체, to 다음에 어떤 일인지가 들어갑니다. 주로 뒤에 오는 사람이나 일보다는 그것이 걸리는 시간이나 기간에 중요한 의미가 있을 때 쓰죠.

Check the Words

A 제시된 뜻의 단어가 될 수 있도록 철자들을 알맞게 배열해 주세요.

1 c o r p 농작물

2 f r u 털

3 p r y e 먹이

4 h u n e r t 사냥꾼

B 힌트를 보고, 크로스워드 퍼즐에 알맞은 단어를 써 보세요.

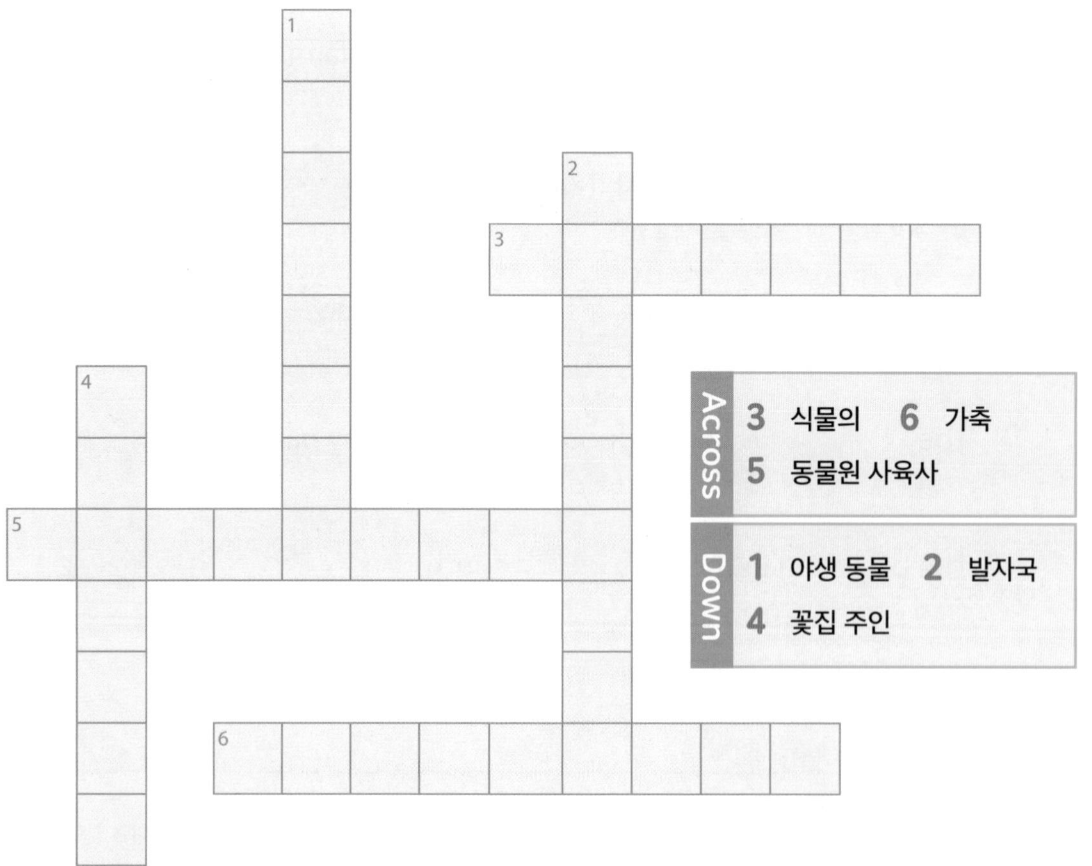

1
2
3
4
5
6
Across
3 식물의 6 가축
5 동물원 사육사
Down
1 야생 동물 2 발자국
4 꽃집 주인

C 주어진 그림에 해당하는 단어를 써 보세요.

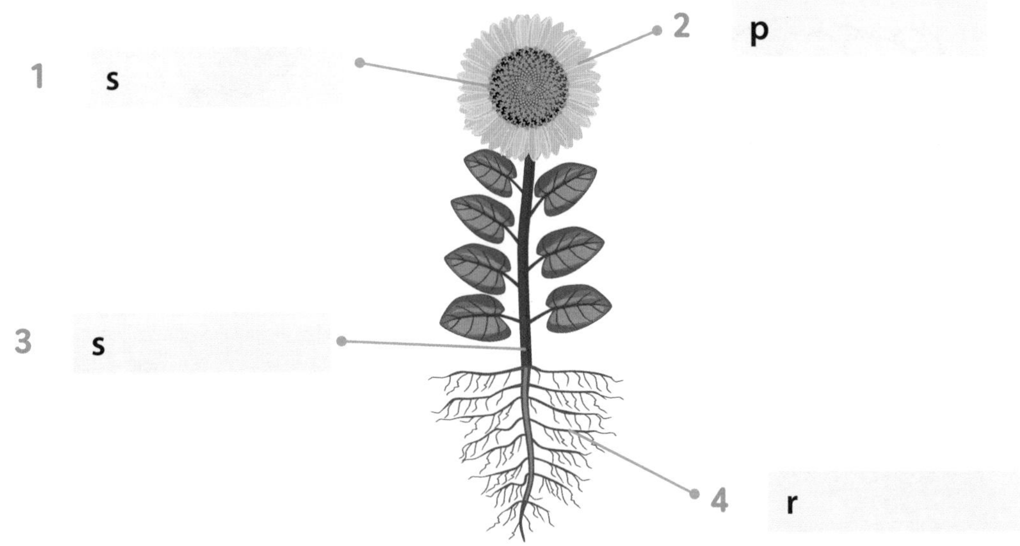

D 빈칸에 알맞은 단어를 <보기>에서 골라 문장을 완성하세요. (동사의 경우 수를 일치하고, 대문자가 필요한 경우에는 대문자로 표기하세요.)

보기	branches	predators	wheat	migration	sprout	leather

1 They chopped ____________________ off the tree.

2 I've seen fields of ripening ____________________.

3 It takes two more days for the seeds to ____________________.

4 The cowboy was wearing a ____________________ jacket.

5 What are the ____________________ of penguins?

6 The birds began their ____________________ south.

MP3-**055**

child [tʃaild] 명 아이

Unit 09

piglet
[píglət] 명 새끼 돼지

tadpole
[tǽdpoul] 명 올챙이

chick
[tʃik] 명 병아리, 새끼 새

toddler
[tάdlər] 명 걸음마를 배우는 아이 (1~3세 아이)

whine
[wain] 동 징징거리다

adorable
[ədɔ́ːrəbl] 형 사랑스러운

kindergarten
[kíndərgɑːrtn] 명 유치원

playground
[pléigraund] 명 놀이터

cub
[kʌb] 명 (곰, 사자, 여우 등의) 새끼

stroller
[stróulər] 명 유모차, 산책하는 사람

adult
[ədʌ́lt] 명 어른

drive
[draiv] 동 운전하다, 태워주다

vote
[vout] 명 투표
동 투표하다

gray
[grei] 명 회색
형 회색의(gray hair 흰머리)

occupation
[ɑkjupéiʃən] 명 직업, 점령

suit
[su:t] 명 정장 동 어울리다

office
[ɔ́:fis] 명 사무실

wedding
[wédiŋ] 명 결혼

mature
[mətjúər] 형 어른스러운
동 어른이 되다

ancestor
[ǽnsestər] 명 조상

senior
[sí:njər] 명 윗사람, 어르신,
최고 학년
형 상급의

Write the Words

각 단어가 문장에서 어떻게 쓰이는지 살펴보아요.

➔ 다음 문장을 읽고, 표시된 단어를 따라 쓴 후 2번 더 써 보세요.

1 The sow gave birth to ten piglets.
암퇘지가 새끼 돼지 10마리를 낳았다.

2 Tadpoles have tails to help them swim.
올챙이들은 꼬리가 있어서 헤엄을 친다. 문법 엿보기

3 I found a mother hen and her chicks.
나는 엄마 닭과 병아리들을 발견했다.

4 Toddlers like to play with baby dolls.
두세 살 아이들은 아기 인형을 가지고 노는 것을 좋아한다.

5 My sister is always whining on everything.
내 여동생은 모든 일에 항상 징징거린다.

6 Sora was the most adorable child.
소라는 최고로 사랑스러운 아이였다.

7 He wanted to be a kindergarten teacher.
그는 유치원 선생님이 되고 싶었다.

8 It was a bear cub playing in the meadow.
그것은 초원에서 놀고 있는 아기 곰이었다.

9 You can play tag in the playground.
놀이터에서 술래잡기해도 된다.

10 She was pushing a stroller in the mall.
그녀는 쇼핑몰에서 유모차를 밀고 있었다.

단어 이야기

만화 영화 <The Prince of Egypt(이집트 왕자, 1998)>는 이집트의 철부지 왕자로 살던 Moses(모세)가 자신의 뿌리를 찾아 떠나는 여정을 담고 있습니다. 어느 날, 사막의 한 동굴에서 불꽃이 나타나 자신이 모세 조상들의 신이라며 말을 걸어오죠. **"I am the God of your ancestors."** 과연 모세는 불꽃이 하는 말을 믿고 그 말을 따르게 될까요?

MP3-**057**

➔ 다음 문장을 읽고, 표시된 단어를 따라 쓴 후 2번 더 써 보세요.

1 He will drive you home.
그가 너를 집에 차로 데려다 줄 것이다.

2 You have the right to vote.
당신은 투표할 권리가 있다.

3 My dream occupation is a doctor.
내 꿈의 직업은 의사이다.

4 My grandfather started getting gray hair.
우리 할아버지는 흰머리가 나기 시작했다.

5 My dad looks good in a suit.
우리 아빠는 양복 입으면 멋져 보인다.

6 My mom's office is in downtown Busan.
우리 엄마 사무실은 부산 시내에 있다.

7 Junhan is very mature for his age.
준한이는 나이에 비해 아주 어른스럽다.

8 I am the God of your ancestors.
나는 네 조상들의 신이다. 단어 이야기

9 They looked happy on their wedding day.
그들은 결혼식 날 행복해 보였다.

10 Seniors can get a 5% discount.
어르신들은 5퍼센트 할인을 받을 수 있다.

문법 엿보기 to부정사

to + 동사원형
to부정사(to + 동사원형)가 명사 뒤에서 명사를 꾸며주는 역할을 할 때는 **~하는, ~할**로 해석이 돼요. 즉, **형용사적 용법**이 되겠죠. books to read라면 **읽을 책**, homework to do 하면 **해야 할 숙제**로 해석하면 된답니다.

Check the Words

A 제시된 뜻의 단어가 될 수 있도록 철자들을 알맞게 배열해 주세요.

1 c b u (동물의) 새끼 ______

2 v t e o 투표 ______

3 g r y a 회색 ______

4 s t u i 정장 ______

B 힌트를 보고, 크로스워드 퍼즐에 알맞은 단어를 써 보세요.

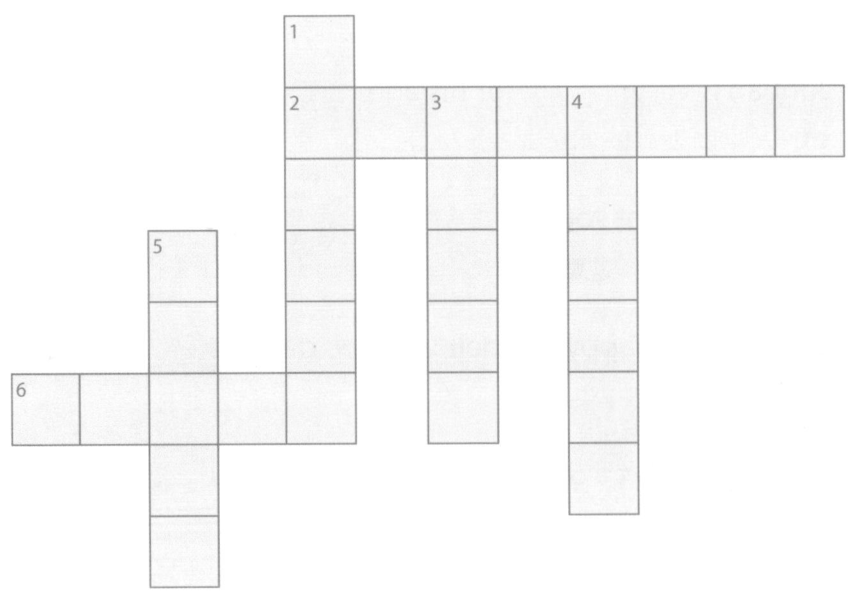

Across	Down
2 조상	1 어른스러운
6 징징거리다	3 병아리
	4 윗사람, 어르신
	5 운전하다

C 주어진 단어의 뜻을 보고, 빠진 철자를 넣어 단어를 완성하세요.

1 유치원 kin☐☐rg☐☐t☐n

2 놀이터 pl☐☐gr☐☐☐d

3 유모차 s☐☐o☐☐er

4 직업 o☐☐up☐t☐☐n

D 빈칸에 알맞은 단어를 <보기>에서 골라 문장을 완성하세요. (동사의 경우 수를 일치하고, 대문자가 필요한 경우에는 대문자로 표기하세요.)

보기 piglets office tadpoles toddlers adorable wedding

1 The sow gave birth to ten ____________________.

2 ____________________ have tails to help them swim.

3 Sora was the most ____________________ child.

4 My mom's ____________________ is in downtown Busan.

5 ____________________ like to play with baby dolls.

6 They looked happy on their ____________________ day.

MP3-**058**

quiet [kwáiət] 형 조용한

Unit 10

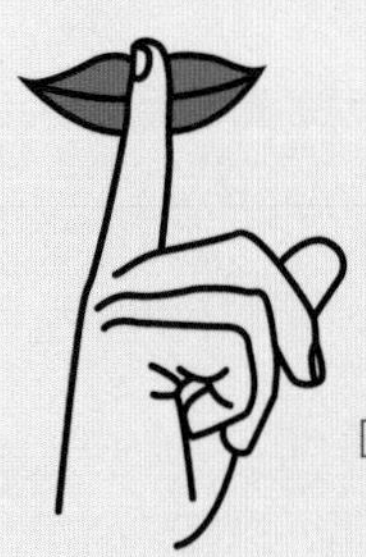

silence
[sáiləns] 명 고요, 침묵
동 조용하게 하다

library
[láibreri] 명 도서관

temple
[témpl] 명 절, 신전

dawn
[dɔ:n] 명 새벽
동 밝아지다, 분명해지다

lullaby
[lʌ́ləbai] 명 자장가

pray
[prei] 동 기도하다

mute
[mju:t] 형 말 없는, 소리 없는
동 소리를 줄이다

still
[stil] 형 고요한, 정지한
부 아직도, 그런데도

calm
[ka:m] 형 차분한, 잔잔한
동 진정시키다

whisper
[wíspər] 동 속삭이다
명 속삭임

noisy

[nɔ́izi] 형 시끄러운

yell

[jel] 명 고함
동 고함치다

recess

[risés] 명 (학교의) 쉬는 시간, (법정의) 휴회

parade

[pəréid] 명 퍼레이드, 행진
동 행진하다

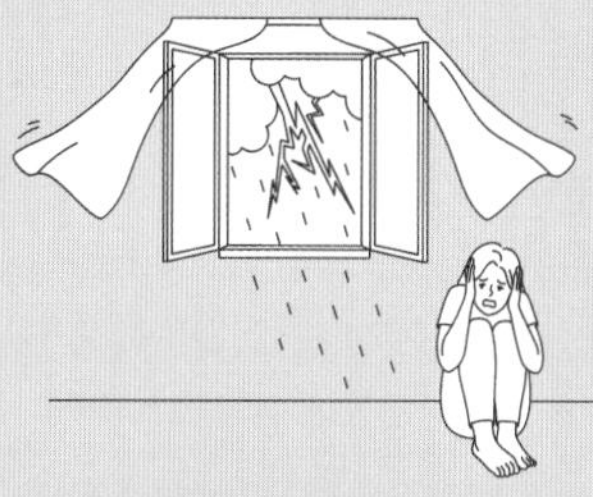

thunder

[θʌ́ndər] 명 천둥, 천둥 같은 소리
동 천둥이 치다

roar

[rɔːr] 동 으르렁거리다,
함성을 지르다

engine

[éndʒin] 명 엔진, 기관차

loud

[laud] 형 (소리가) 큰, 시끄러운
부 시끄럽게

scream

[skriːm] 명 비명
동 비명을 지르다

whistle

[wísl] 명 호루라기
동 호루라기를 불다, 휘파람을 불다

vacuum

[vǽkjuəm] 명 진공, 진공청소기로 하는 청소
동 진공청소기로 청소하다

Write the Words

각 단어가 문장에서 어떻게 쓰이는지 살펴보아요.

➔ 다음 문장을 읽고, 표시된 단어를 따라 쓴 후 2번 더 써 보세요.

1 The children are sitting in silence.
그 아이들은 침묵 속에 앉아 있다.

2 You can go to the library after school.
방과 후에 도서관에 가도 된다.

3 Everything is so quiet in this temple.
이 절에서는 모든 것이 매우 조용하다.

4 So we dance to the break of dawn.
그래서 우리는 동이 틀 때까지 춤을 춘다. 단어 이야기

5 She sings a lullaby to her baby.
그녀는 아기에게 자장가를 불러 준다.

6 I'll pray for you.
너를 위해 기도할 것이다.

7 The school was finally still.
학교가 마침내 고요해졌다.

8 The city is calm in the early morning.
도시는 이른 아침에 고요하다.

9 I put my phone on mute.
나는 전화기를 무음 설정했다.

10 You don't have to whisper now.
지금은 속삭이며 말할 필요 없다.

단어 이야기

방탄소년단의 노래 <Dynamite(다이너마이트, 2020)>는 코로나 상황에 지쳐 있던 사람들에게 힘이 되었던 곡으로, 신나는 리듬에 영어 가사로 되어 있어 따라 불러 보면 기분도 좋아지고 영어도 배울 수 있어 일석이조랍니다. 춤과 노래를 통해 자유와 행복을 찾자는 메시지답게 **"So we dance to the break of dawn."**이라는 가사를 담고 있죠.

MP3-**060**

➔ 다음 문장을 읽고, 표시된 단어를 따라 쓴 후 2번 더 써 보세요.

1 My mom yelled at me to stop.
엄마는 나에게 멈추라고 소리치셨다.

2 The students play outside at recess.
학생들은 쉬는 시간에 밖에서 논다.

3 We will go and see the parade in Everland.
우리는 에버랜드에 가서 퍼레이드를 볼 것이다.

4 The crowd roared at the concert.
관객들은 콘서트에서 함성을 질렀다.

5 Thunder is the sound caused by lightning.
천둥은 번개 때문에 생기는 소리이다.

6 The engine was making a strange noise.
그 엔진에서 이상한 소음이 나고 있었다.

7 They spoke in a loud voice.
그들은 큰 소리로 말했다.

8 I heard him screaming last night.
나는 어젯밤 그가 소리지르는 걸 들었다. 문법 엿보기

9 The coach blew his whistle.
감독이 호루라기를 불었다.

10 Have you vacuumed the floor?
진공청소기로 바닥을 청소했니?

문법 엿보기 지각동사

지각동사(see, hear, smell, feel) + 목적어 + 목적격 보어
지각동사 다음에 오는 목적격 보어는 **현재분사**나 **원형부정사(동사원형)**의 형태로 써요. 쉽게 설명하면 **see** *A B*에서 *B*는 **동사원형**이나 **동사 + ing**가 되는 것이죠. 그리고 해석은 '*A*가 *B*를 하는 것을 본다'고 해 주면 된답니다. 현재분사가 올 때는 진행의 의미가 강하구요.

Check the Words

A 제시된 뜻의 단어가 될 수 있도록 철자들을 알맞게 배열해 주세요.

1 d a n w 새벽

2 s i l t l 고요한

3 y l l e 고함

4 l u d o 시끄러운

B 힌트를 보고, 크로스워드 퍼즐에 알맞은 단어를 써 보세요.

Across
1 기도하다
3 쉬는 시간
5 엔진
6 소리 없는

Down
2 으르렁거리다
4 침묵

C 주어진 단어의 뜻을 보고, 빠진 철자를 넣어 단어를 완성하세요.

1 도서관 l☐br☐☐☐

2 속삭이다 w☐i☐p☐☐

3 호루라기 whi☐☐☐☐

4 진공청소기로 하는 청소 va☐☐☐m

D 빈칸에 알맞은 단어를 <보기>에서 골라 문장을 완성하세요. (동사의 경우 수를 일치하고, 대문자가 필요한 경우에는 대문자로 표기하세요.)

보기	temple	parade	lullaby	thunder	calm	scream

1 Everything is so quiet in this ____________________.

2 She sings a ____________________ to her baby.

3 The city is ____________________ in the early morning.

4 We will go and see the ____________________ in Everland.

5 ____________________ is the sound caused by lightning.

6 I heard him ____________________ing last night.

Word Check List

➔ 아는 단어 앞에 √ 표시를 해 보세요. 기억나지 않는 단어는 다시 확인해 암기하세요.

√	단어	√	단어	√	단어
	ocean		city		plant
	sail		busy		crop
	tide		traffic		root
	coral		highway		seed
	seafood		urban		stem
	dolphin		capital		branch
	jellyfish		crowded		petal
	seaweed		downtown		wheat
	fisherman		artificial		florist
	submarine		technology		botanic
	mermaid		skyscraper		sprout
	land		country		animal
	field		rural		fur
	soil		barn		leather
	lawn		region		prey
	fossil		orchard		predator
	farmer		suburb		hunter
	mountain		meadow		livestock
	earthworm		village		wildlife
	border		peaceful		footprint
	geology		agriculture		zookeeper
	continent		hometown		migration

√	단어	√	단어
	child		quiet
	piglet		silence
	tadpole		library
	chick		temple
	toddler		dawn
	whine		lullaby
	adorable		pray
	kindergarten		still
	cub		calm
	playground		mute
	stroller		whisper
	adult		noisy
	drive		yell
	vote		recess
	occupation		parade
	gray		roar
	suit		thunder
	office		engine
	mature		loud
	ancestor		scream
	wedding		whistle
	senior		vacuum

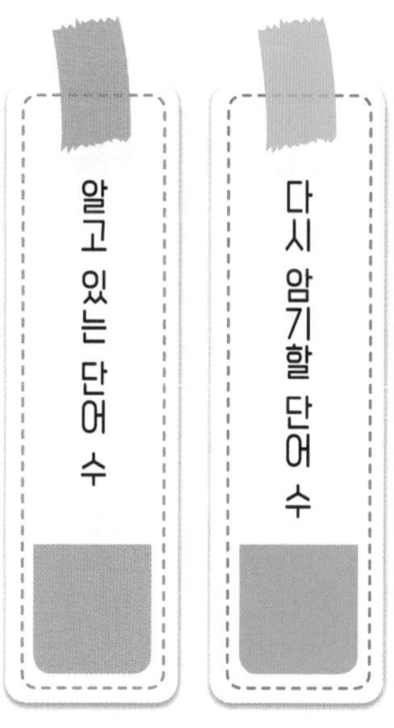

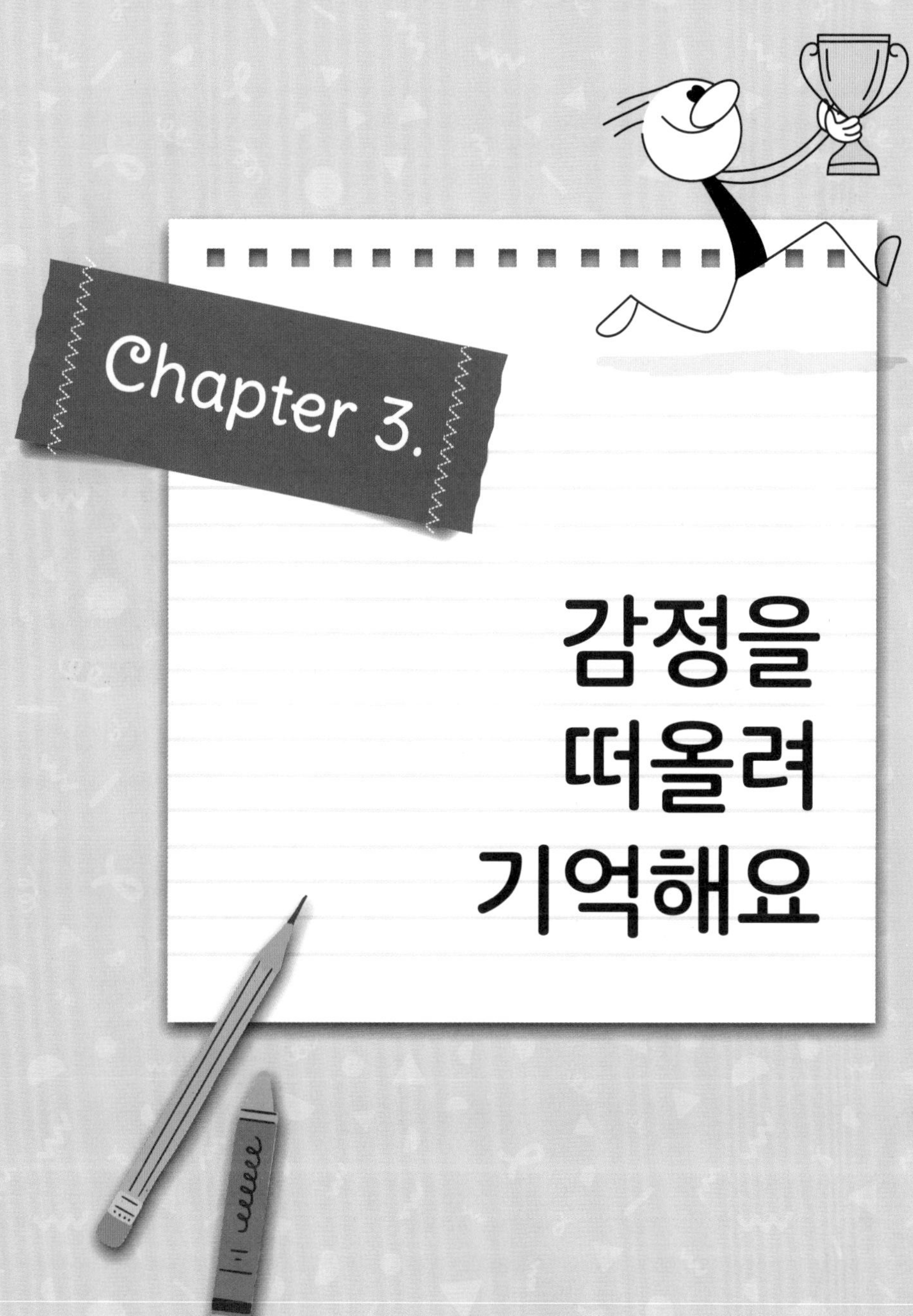

Chapter 3. 감정을 떠올려 기억해요

MP3-**061**

kind [kaind] 형 친절한

polite
[pəláit] 형 예의 바른

smile
[smail] 동 미소 짓다
명 미소

manner
[mǽnər] 명 예의, 태도, 방식

gentle
[dʒéntl] 형 온화한, 조심스러운

apology
[əpɑ́lədʒi] 명 사과

nurse
[nəːrs] 동 간호하다
명 간호사

advice
[ædváis] 명 충고, 조언

appreciate
[əpríːʃieit] 동 고마워하다, 가치를 인정하다

care
[kɛər] 명 돌봄, 주의
동 관심을 가지다

assist
[əsíst] 동 돕다

[ruːd] 형 무례한 rude

anger
[ǽŋgər] 명 화
동 화나게 하다

disturb
[distə́ːrb] 동 방해하다

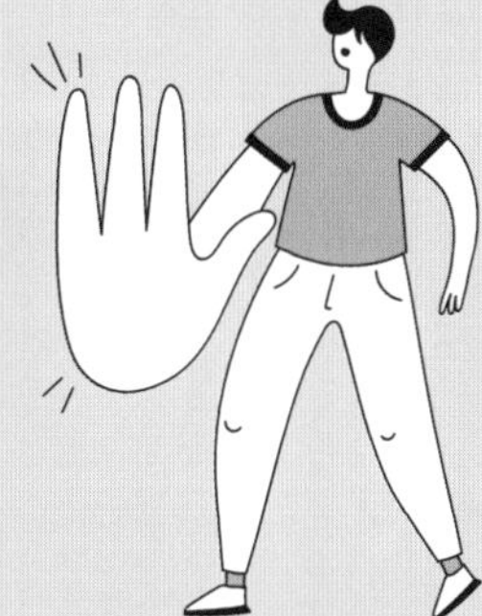

deny
[dinái] 동 인정하지 않다, 거부하다

fight
[fait] 동 싸우다
명 싸움

blame
[bleim] 동 ~을 탓하다
명 책임, 탓

tease
[tiːz] 동 놀리다

bullying
[búliiŋ] 명 왕따, 괴롭힘

selfish
[sélfiʃ] 형 이기적인

ignore
[ignɔ́ːr] 동 무시하다

mean
[miːn] 형 못된, 심술궂은

Write the Words

각 단어가 문장에서 어떻게 쓰이는지 살펴보아요.

➔ 다음 문장을 읽고, 표시된 단어를 따라 쓴 후 2번 더 써 보세요.

1 He is always polite to his teachers.
그는 항상 선생님들께 예의 바르다.

2 They finally smiled at each other.
그들은 결국 서로에게 미소 지었다.

3 Mr. Smith looks so quiet and gentle.
스미스 씨는 아주 조용하고 점잖은 것 같다.

4 It's bad manners to point at people in America.
미국에서는 손가락으로 사람들을 가리키는 것은 매우 나쁜 태도이다.

5 I think you owe us an apology.
내 생각에 너는 우리에게 사과해야 한다.

6 The nurse walked me to the bathroom.
간호사가 나를 화장실까지 부축해 주었다.

7 My teacher gave me some good advice.
선생님께서 나에게 좋은 충고를 몇 가지 해 주셨다.

8 I really appreciate your support.
도와줘서 정말 고맙게 생각한다.

9 She'll take good care of the children.
그녀는 그 아이들을 잘 돌볼 것이다.

10 He assisted the students with their homework.
그는 학생들 숙제를 도와주었다.

단어 이야기

영화 <Wonder(원더, 2017)> 속 주인공 Auggie(어기)는 남들과 다른 외모를 가지고 태어난 탓에 학교에 다니기 시작하면서부터 잔인한 세상을 경험하게 됩니다. 어기를 괴롭히던 친구의 부모님이 교장실에 불려왔을 때, 교장 선생님은 엄하게 말씀하시죠. **"We take bullying very seriously at school."** 남들과 다른 것을 다양함으로 받아들이며 성장해 가는 이야기 속 주옥같은 대사들을 만나 보세요.

MP3-**063**

➔ 다음 문장을 읽고, 표시된 단어를 따라 쓴 후 2번 더 써 보세요.

1 Her face was filled with anger and pain.
그의 얼굴은 분노와 고통으로 가득 찼다.

2 I'm sorry to disturb you on the weekend.
주말에 방해해서 죄송합니다.

3 There were people fighting in the street.
사람들이 길거리에서 싸우고 있었다.

4 He denies telling a lie to everyone.
그는 모두에게 거짓말한 것을 부인한다. 문법 엿보기

5 Don't blame yourself for it.
그 일로 네 자신을 비난하지 마라.

6 We take bullying very seriously at school.
우리는 학교에서 일어나는 괴롭힘을 매우 심각하게 받아들입니다. 단어 이야기

7 It's not fun to tease your friends.
친구를 놀리는 것은 재미있는 일이 아니다.

8 They ignored what I said.
그들은 내가 말한 것을 무시했다.

9 It was very selfish of him to leave alone.
그가 혼자 떠난 것은 정말 이기적인 일이었다.

10 She is so mean to her classmates.
그녀는 반 친구들에게 엄청 못되게 군다.

문법 엿보기 동명사 목적어

deny + -ing
동명사를 목적어로 써야 하는 대표적인 동사로는 deny가 있어요. enjoy, finish, admit도 마찬가지인데, 시험에 단골로 등장하기 때문에 함께 외워두면 좋아요. 'deny + 동명사'는 that을 써서 바꿔 쓸 수도 있어요. 즉, 4번 문장은 He denies that he told a lie to everyone.으로 바꿔 쓸 수 있답니다.

Check the Words

A 제시된 뜻의 단어가 되어 나올 수 있도록 철자들을 알맞게 배열해 주세요.

1 n g e a r → anger 분노

2 l b m a e → ________ ~을 탓하다

3 c e a r → ________ 돌봄

4 e u n s r → ________ 간호하다

B 빈칸에 들어갈 단어를 골라 연결하고, 직접 써서 문장을 완성하세요.

1 Mr. Smith looks so quiet and ____gentle____. • • ⓐ bullying

2 He ________ed the students with their homework. • • ⓑ gentle

3 There were people ________ing in the street. • • ⓒ fight

4 We take ________ very seriously at school. • • ⓓ selfish

5 They ________d what I said. • • ⓔ assist

6 It was very ________ of him to leave alone. • • ⓕ ignore

C 단어에서 잘못된 철자를 찾아 고쳐 써 보세요.

1 **smaile** 미소 smile

2 **maner** 예의

3 **apresiate** 고마워하다

4 **disterb** 방해하다

5 **teese** 놀리다

D 우리말 뜻에 맞게 주어진 말을 올바르게 배열하여 문장을 바로 써 보세요. (동사의 경우 수를 일치하고 문장의 첫 글자는 대문자로, 문장 마지막엔 마침표를 넣어 완전한 문장으로 쓰세요.)

1 I think / an apology / you owe us 내 생각에 너는 우리에게 사과해야 한다.

I think you owe us an apology.

2 my teacher / some good advice / gave me 선생님께서 나에게 좋은 충고를 몇 가지 해 주셨다.

3 always polite / he is / to his teachers 그는 항상 선생님들께 예의 바르다.

4 telling a lie / to everyone / he denies 그는 모두에게 거짓말한 것을 부인한다.

5 she / to her classmates / is so mean 그녀는 반 친구들에게 엄청 못되게 군다.

MP3-**064**

brave [breiv] 형 용감한

Unit 02

hero
[híərou] 명 영웅

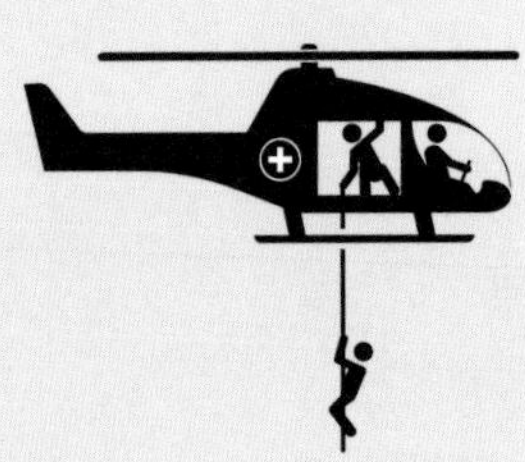

rescue
[réskjuː] 동 구하다
명 구출, 구조

firefighter
[fáiərfaitər] 명 소방관

challenge
[tʃǽlindʒ] 명 도전

warrior
[wɔ́ːriər] 명 전사

pioneer
[paiəníər] 명 개척자

patriot
[péitriət] 명 애국자

adventure
[ædvéntʃər] 명 모험, 모험심

discovery
[diskʌ́vəri] 명 발견

courage
[kə́ːridʒ] 명 용기

[əfréid] 형 겁내는 afraid

worry
[wə́ːri] 동 걱정하다
명 걱정

exam
[igzǽm] 명 시험, 검사

scared
[skeərd] 형 무서워하는, 겁먹은

speech
[spiːtʃ] 명 연설, 발표

mistake
[mistéik] 명 실수, 잘못
동 오해하다

contest
[kάntest] 명 대회
동 경쟁을 벌이다

spider
[spáidər] 명 거미

grade
[greid] 명 성적, 품질
동 성적을 매기다

nervous
[nə́ːrvəs] 형 불안해하는,
걱정이 많은

fragile
[frǽdʒəl] 형 부서지기 쉬운, 섬세한

Write the Words

각 단어가 문장에서 어떻게 쓰이는지 살펴보아요.

➔ 다음 문장을 읽고, 표시된 단어를 따라 쓴 후 2번 더 써 보세요.

1 The super hero saved the world.
슈퍼 영웅이 세계를 구했다.

2 He rescued me from the monster.
그가 나를 괴물로부터 구했다.

3 The firefighters rushed into the burning house.
소방관들은 불타는 집에 서둘러 들어갔다.

4 I am ready to accept new challenges.
나는 새로운 도전을 받아들일 준비가 되어 있다.

5 He became a warrior, who saved the kingdom.
그는 전사가 되어 왕국을 구했다. 문법 엿보기

6 She was a pioneer in computer technology.
그녀는 컴퓨터 공학 분야의 개척자였다.

7 They were looking for an adventure.
그들은 모험을 찾고 있었다.

8 Edison made many scientific discoveries.
에디슨은 많은 과학적 발견을 했다.

9 He was a patriot who died for his country.
그는 조국을 위해 목숨 바친 애국자였다.

10 The police officer showed great courage.
그 경찰관은 대단한 용기를 보여 주었다.

단어 이야기

만화 영화 <Inside Out(인사이드 아웃, 2015)>에는 마음 속 감정 세포들이 등장합니다. 먼 도시로 전학 간 주인공 Riley(라일리)는 자꾸만 슬픈 감정이 드는데요, 바로 Sadness(슬픔이) 때문이었죠. 기억 세포들을 자꾸만 슬픔으로 파랗게 만들어 버리면서 슬픔이는 스스로를 책망하죠. **"I keep making mistakes like that. I'm awful.**(이런 실수를 자꾸만 하게 돼. 끔찍해.)**"**

➜ 다음 문장을 읽고, 표시된 단어를 따라 쓴 후 2번 더 써 보세요.

1 You don't need to worry about it.
그것 때문에 걱정할 필요 없다.

2 Spiders have eight eyes and legs.
거미는 여덟 개의 눈과 다리를 가졌다.

3 I had to give a short speech to my class.
나는 수업에서 짧은 발표를 해야 했다.

4 I keep making mistakes like that.
나는 자꾸만 이런 실수를 한다. 단어 이야기

5 Tim is preparing for the dancing contest.
팀은 댄스 경연을 준비하고 있다.

6 I get nervous when I speak in English.
나는 영어로 말할 때 떨린다.

7 That glass vase is very fragile.
그 유리 꽃병은 매우 깨지기 쉽다.

8 I hope you get a good grade on the test.
네가 시험에서 좋은 성적을 받길 바란다.

9 I'm worried about my math exam.
나는 수학 시험이 걱정된다.

10 Spiders make me feel scared.
거미를 보면 나는 무섭다.

문법 엿보기 관계대명사

관계대명사 계속적 용법

who나 which 같은 관계대명사 앞에 쉼표(,)를 쓸 때 **계속적 용법**이라고 해요. 이 용법은 앞에 오는 단어에 대해 추가로 설명할 때 쓰여요. which는 앞 문장 전체에 대한 추가적인 설명을 제공하기도 해요. 계속적 용법의 해석은 앞에서부터 차례로 해주면 돼요. that은 계속적 용법으로 쓰이지 않기 때문에 시험에 틀린 보기로 종종 등장한답니다.

Check the Words

A 제시된 뜻의 단어가 되어 나올 수 있도록 철자들을 알맞게 배열해 주세요.

1 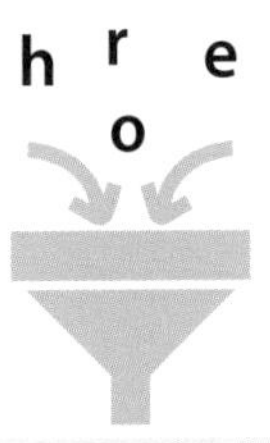

영웅

2 

거미

3 

실수

4 

시험

B 빈칸에 들어갈 단어를 골라 연결하고, 직접 써서 문장을 완성하세요.

1 She was a ____________ in computer technology. • • ⓐ pioneer

2 The police officer showed great ____________. • • ⓑ fragile

3 You don't need to ____________ about it. • • ⓒ courage

4 Tim is preparing for the dancing ____________. • • ⓓ scared

5 That glass vase is very ____________. • • ⓔ worry

6 Spiders make me feel ____________. • • ⓕ contest

C 단어에서 잘못된 철자를 찾아 고쳐 써 보세요.

1 **resque** 구조

2 **worrier** 전사

3 **patriet** 애국자

4 **chellenge** 도전

5 **discuvery** 발견

D 우리말 뜻에 맞게 주어진 말을 올바르게 배열하여 문장을 바로 써 보세요. (동사의 경우 수를 일치하고 문장의 첫 글자는 대문자로, 문장 마지막엔 마침표를 넣어 완전한 문장으로 쓰세요.)

1 the firefighters / the burning house / rushed into 소방관들은 불타는 집에 서둘러 들어갔다.

____

2 an adventure / were looking for / they 그들은 모험을 찾고 있었다.

____

3 I had to / to my class / give a short speech 나는 수업에서 짧은 발표를 해야 했다.

____

4 in English / I get nervous / when I speak 나는 영어로 말할 때 떨린다.

____

5 I hope / you get / on the test / a good grade 네가 시험에서 좋은 성적을 받길 바란다.

____

happy [hǽpi] 형 행복한

Saturday 

Sunday 

weekend
[wíːkend] 명 주말

festival
[féstəvəl] 명 축제

birthday
[bə́ːrθdei] 명 생일

cozy
[kóuzi] 형 아늑한, 친밀한

relax
[rilǽks] 동 휴식을 취하다, 안심하다, 긴장이 풀리다

utopia
[juːtóupiə] 명 이상향, 유토피아

positive
[pάzətiv] 형 긍정적인
명 긍정적인 것, 양성

winner
[wínər] 명 승자, 성공한 사람, 성공작

success
[səksés] 명 성공, 성과, 성공한 사람

allowance
[əláuəns] 명 용돈, 비용

[sæd] 형 슬픈 sad

fail

[feil] 동 실패하다
명 불합격

loss

[lɔːs] 명 상실, 손실, 사망

miss

[mis] 동 놓치다, 그리워하다

lonely

[lóunli] 형 외로운

regret

[rigrét] 동 후회하다, 유감스럽게 생각하다 명 후회, 유감

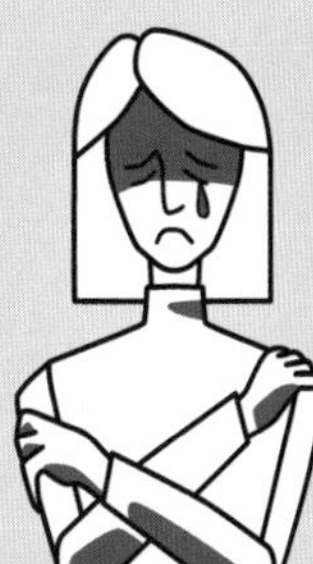

sorrow

[sɑ́rou] 명 슬픔, 아주 슬픈 일

tragic

[trǽdʒik] 형 비극적인, 비극의

forget

[fərgét] 동 잊다, 잊어버리다

Goodbye!

farewell

[fɛərwél] 명 작별 (인사)

disappoint

[disəpɔ́int] 동 실망시키다

Write the Words

각 단어가 문장에서 어떻게 쓰이는지 살펴보아요.

➔ 다음 문장을 읽고, 표시된 단어를 따라 쓴 후 2번 더 써 보세요.

1 We spent the weekend playing games.
우리는 게임을 하면서 주말을 보냈다.

2 The city held the music festival in May.
그 도시는 5월에 음악 축제를 개최했다.

3 Today is my brother's tenth birthday.
오늘은 내 남동생의 열 살 생일이다.

4 My bedroom is warm and cozy.
내 방은 따뜻하고 아늑하다.

5 After school, I like to relax with my dog.
방과 후에 나는 강아지와 휴식을 취하는 걸 좋아한다.

6 A utopia is a place where everyone is happy.
유토피아는 모든 사람이 행복한 곳이다.

7 She has been a positive role model for me.
그녀는 예전부터 나의 긍정적인 롤모델이다.

8 I wish you every success.
다 성공하시기를 빕니다.

9 Winners never quit, and quitters never win.
이기는 자는 절대 포기하지 않고, 포기하는 자는 절대 이기지 못한다. (명언)

10 I get my weekly allowance every Monday.
나는 매주 월요일에 일주일 치 용돈을 받는다.

단어 이야기

영화 <Charlie and the Chocolate Factory(찰리와 초콜릿 공장, 2005)> 속 주인공 Charlie(찰리)는 가난하지만 마음씨 따뜻한 가족들과 살고 있었습니다. 황금 티켓의 행운을 기원하며 초콜릿을 하나 사고 숨죽이며 그것을 뜯어보려는 찰나, 할아버지는 미리 위로의 말을 건넵니다. **"You mustn't feel too disappointed."** 황금 티켓이 들어있지 않더라도 너무 실망하지 말라는 의미였죠.

MP3-**069**

➔ 다음 문장을 읽고, 표시된 단어를 따라 쓴 후 2번 더 써 보세요.

1 I'll be sad when I fail my math test.
수학 시험을 통과하지 못하면 나는 슬플 것이다. 문법 엿보기

2 I'm so sorry for your loss.
상심이 정말 크시겠습니다.

3 They missed their hometown badly.
그들은 고향을 너무나 그리워했다.

4 I've been lonely since my best friend moved away.
가장 친한 친구가 이사를 간 이후 나는 외롭다.

5 I don't regret my choice.
나는 내 선택을 후회하지 않는다.

6 She couldn't hide her sorrow and anger.
그녀는 슬픔과 분노를 감추지 못했다.

7 They died in a tragic accident.
그들은 비극적인 사고로 죽었다.

8 We gave him a farewell party.
우리는 그에게 작별 파티를 해 주었다.

9 We will never forget you.
우리는 너를 절대 잊지 않을 것이다.

10 You mustn't feel too disappointed.
너는 너무 실망하면 안 된다. 단어 이야기

문법 엿보기 부사절의 시제

시간 조건을 나타내는 부사절에서의 시제
when(~할 때), after, before, as soon as, as가 이끄는 시간의 조건을 나타내는 부사절에서는 미래 시제를 현재가 대신해요. 예문의 경우, 슬퍼할 것은 미래 시제 will be sad이지만 fail은 현재 시제로 쓰인 것이죠. 헷갈리기 쉽기 때문에 시험에서 함정으로 사용되는 경우가 많답니다.

Check the Words

A 제시된 뜻의 단어가 되어 나올 수 있도록 철자들을 알맞게 배열해 주세요.

1 

아늑한

2 

승자

3 

외로운

4 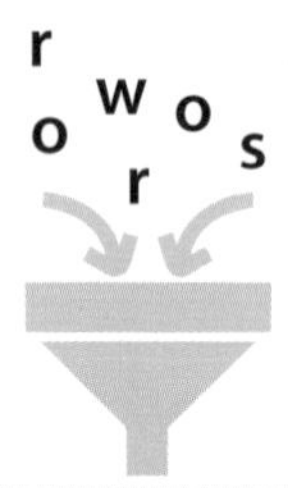

슬픔

B 빈칸에 들어갈 단어를 골라 연결하고, 직접 써서 문장을 완성하세요.

1 Today is my brother's tenth ____________. • • ⓐ relax

2 After school, I like to ____________ with my dog. • • ⓑ farewell

3 A __________ is a place where everyone is happy. • • ⓒ birthday

4 They died in a ____________ accident. • • ⓓ utopia

5 We gave him a ____________ party. • • ⓔ tragic

6 We will never ____________ you. • • ⓕ forget

C 단어에서 잘못된 철자를 찾아 고쳐 써 보세요.

1 **pasitive** 긍정적인

2 **ssuccess** 성공

3 **allowence** 용돈

4 **rigret** 후회하다

5 **disapoint** 실망시키다

D 우리말 뜻에 맞게 주어진 말을 올바르게 배열하여 문장을 바로 써 보세요. (동사의 경우 수를 일치하고 문장의 첫 글자는 대문자로, 문장 마지막엔 마침표를 넣어 완전한 문장으로 쓰세요.)

1 we spent / playing games / the weekend 우리는 게임을 하면서 주말을 보냈다.

____

2 the music festival / the city held / in May 그 도시는 5월에 음악 축제를 개최했다.

____

3 I'll be sad / my math test / when I fail 수학 시험을 통과하지 못하면 나는 슬플 것이다.

____

4 so sorry / I'm / for your loss 상심이 정말 크시겠습니다.

____

5 they missed / badly / their hometown 그들은 고향을 너무나 그리워했다.

____

good [gud] 명 선

share
[ʃɛər] 동 (함께) 나누다 명 몫

donate
[dóuneit] 동 기부하다

sacrifice
[sǽkrifais] 동 희생하다

forgive
[fərgív] 동 용서하다

helpful
[hélpfl] 형 도움이 되는

volunteer
[vɑləntíər] 명 자원봉사자
동 자원하다

compassion
[kəmpǽʃən] 명 연민, 동정심

honesty
[ɑ́nisti] 명 정직, 솔직

modest
[mɑ́dist] 형 겸손한

save
[seiv] 동 구하다, 저축하다

MP3-071

[íːvl] 명 악 evil

steal

[stiːl] 통 훔치다

unfair

[ʌnfér] 형 불공평한, 부당한

abuse

[əbjúːs] 명 남용, 오용, 학대

[əbjúːz] 통 남용하다

doubt

[daut] 명 의심

통 의심하다

rumor

[rúːmər] 명 소문, 유언비어

curse

[kəːrs] 명 욕, 악담, 저주

통 욕을 하다

witch

[witʃ] 명 마녀

crime

[kraim] 명 범죄

pressure

[préʃər] 명 부담, 압박

addict

[ǽdikt] 명 중독자

통 중독되다

Write the Words

각 단어가 문장에서 어떻게 쓰이는지 살펴보아요.

➜ 다음 문장을 읽고, 표시된 단어를 따라 쓴 후 2번 더 써 보세요.

1 The children learn to share their toys.
아이들은 장난감을 함께 갖고 노는 것을 배운다.

2 I will donate my allowance for hungry children.
나는 배고픈 아이들을 위해 용돈을 기부할 것이다.

3 He decided to sacrifice his happiness.
그는 그의 행복을 희생하기로 결심했다.

4 Can you forgive me for being selfish?
내가 이기적이었던 것을 용서해 줄 수 있나요?

5 I don't know if his advice was helpful.
그의 충고가 도움이 되었는지 나는 모르겠다.

6 I'm planning to volunteer at the nursing home.
나는 양로원에서 봉사하려고 계획 중이다.

7 I feel compassion for the victims.
나는 희생자들에게 연민을 느낀다.

8 I really appreciate your honesty.
나는 너의 정직함을 정말 고맙게 생각한다.

9 She is very modest about her success.
그녀는 자신의 성공에 대해 매우 겸손하다.

10 The firefighter was trying to save her life.
소방관은 그녀의 생명을 살리려고 노력하고 있었다.

단어 이야기

만화 영화 <Ratatouille(라따뚜이, 2007)>의 주인공 Remy(레미)는 요리사를 꿈꾸고 신선한 식재료를 사랑하죠. 한 가지 문제가 있다면 레미가 쥐라는 것이죠. 레미의 가족과 친구들은 모두 쓰레기를 훔쳐 먹으며 생활하는데 레미는 그런 생활이 너무나 싫습니다. 그래서 아버지에게 이렇게 살지 말자고 부탁을 하며 이런 말을 하죠. **"What we're stealing is garbage."**

MP3-072 

➔ 다음 문장을 읽고, 표시된 단어를 따라 쓴 후 2번 더 써 보세요.

1 What we're stealing is garbage.
우리가 훔치는 것은 쓰레기다. 단어 이야기

2 I think the speech contest was so unfair.
나는 말하기 대회가 매우 불공평했다고 생각한다.

3 Child abuse is a serious problem.
아동 학대는 심각한 문제이다.

4 I doubt whether he can finish his part.
나는 그가 자신이 맡은 부분을 끝낼 수 있을지 의심스럽다. 문법 엿보기

5 The rumors could end our friendship.
유언비어가 우리의 우정을 끝낼 수도 있었다.

6 The princess fell into a deep sleep under a curse.
공주는 저주를 받고 깊은 잠에 빠졌다.

7 The witch put a spell on the selfish prince.
마녀는 이기적인 왕자에게 주문을 걸었다.

8 People thought it was a hate crime.
사람들은 그것이 증오 범죄라고 생각했다.

9 My dad is under a lot of pressure.
아빠는 큰 부담을 가지고 계신다.

10 The man is a video game addict.
그 남자는 비디오 게임 중독자이다.

문법 엿보기 불확실성을 나타내는 whether

whether는 **~인지 아닌지**라는 뜻으로 동사 **doubt**와 함께 사용되어 의심이나 불확실성을 나타내요. 이럴 때 doubt 외에도 일반적으로 be not sure나 be uncertain 같은 표현이 사용된답니다. whether 대신 if를 써도 문법적으로는 맞지만 의심이나 불확실성을 나타낼 땐 whether를 쓰는 것이 더 자연스러워요.

Check the Words

A 제시된 뜻의 단어가 되어 나올 수 있도록 철자들을 알맞게 배열해 주세요.

1
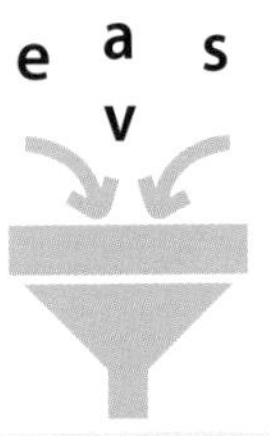

구하다

2

훔치다

3

남용, 학대

4
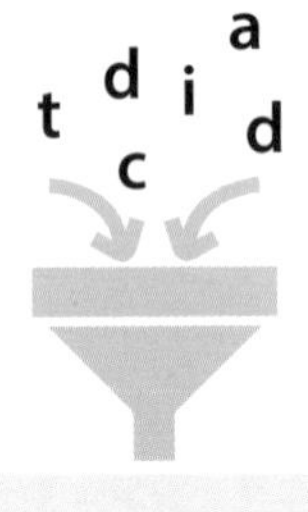

중독자

B 빈칸에 들어갈 단어를 골라 연결하고, 직접 써서 문장을 완성하세요.

1	The children learn to ____________ their toys.	ⓐ volunteer
2	I'm planning to __________ at the nursing home.	ⓑ honesty
3	I really appreciate your ____________.	ⓒ share
4	Can you ____________ me for being selfish?	ⓓ crime
5	People thought it was a hate ____________.	ⓔ pressure
6	My dad is under a lot of ____________.	ⓕ forgive

C 단어에서 잘못된 철자를 찾아 고쳐 써 보세요.

1 **secrifice** 희생

2 **compation** 동정심

3 **rumer** 소문

4 **modist** 겸손한

5 **wich** 마녀

D 우리말 뜻에 맞게 주어진 말을 올바르게 배열하여 문장을 바로 써 보세요. (동사의 경우 수를 일치하고 문장의 첫 글자는 대문자로, 문장 마지막엔 마침표를 넣어 완전한 문장으로 쓰세요.)

1 for hungry children / I will donate / my allowance
나는 배고픈 아이들을 위해 용돈을 기부할 것이다.

____

2 if his advice / I don't know / was helpful 그의 충고가 도움이 되었는지 나는 모르겠다.

____

3 I think / was so unfair / the speech contest 나는 말하기 대회가 매우 불공평했다고 생각한다.

____

4 whether he can finish / I doubt / his part 나는 그가 자신이 맡은 부분을 끝낼 수 있을지 의심스럽다.

____

5 the princess / under a curse / fell into a deep sleep 공주는 저주를 받고 깊은 잠에 빠졌다.

____

love [lʌv] 동 사랑하다

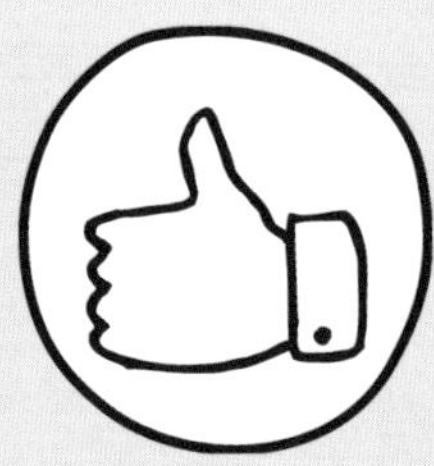

favorite
[féivərit] 형 매우 좋아하는
명 좋아하는 사람·물건

heart
[hɑːrt] 명 심장, (사랑과 연관한) 마음

marry
[mǽri] 동 결혼하다

idol
[áidl] 명 우상

family
[fǽməli] 명 가족 형 가족의

affection
[əfékʃən] 명 애착, 애정

romance
[roumǽns] 명 연애, 로맨스, 사랑

sympathy
[símpəθi] 명 동정, 연민, 공감

friendship
[fréndʃip] 명 우정, 교우 관계

precious
[préʃəs] 형 소중한, 값비싼

hate

[heit] 동 미워하다

dislike

[disláik] 동 싫어하다
명 싫어하는 것

upset

[ʌpsét] 동 속상하게 하다
형 속상한

enemy

[énəmi] 명 적, 장애물

villain

[vílən] 명 악당, 범죄자

pain

[pein] 명 아픔, 고통

terror

[térər] 명 테러, 두려움, 공포

jealous

[dʒéləs] 형 질투하는

revenge

[rivéndʒ] 명 복수

betray

[bitréi] 동 배신하다

guilt

[gilt] 명 유죄, 죄책감

Write the Words

각 단어가 문장에서 어떻게 쓰이는지 살펴보아요.

➔ 다음 문장을 읽고, 표시된 단어를 따라 쓴 후 2번 더 써 보세요.

1 What is your favorite dessert?
당신이 가장 좋아하는 후식은 뭔가요?

2 An octopus has three hearts.
문어는 세 개의 심장을 가지고 있다.

3 She wanted to marry a prince.
그녀는 왕자와 결혼하기를 원했다.

4 BTS is the idol of teenagers in the world.
BTS는 전 세계 십 대들의 우상이다.

5 Families get together for a meal on Thanksgiving Day.
가족들은 추수감사절에 식사를 하기 위해 모인다.

6 I have a great affection for our team.
나는 우리 팀에 큰 애정을 가지고 있다.

7 He has deep sympathy for the sick.
그는 아픈 사람들에게 깊은 연민을 느끼고 있다.

8 True friendship does not freeze in the winter.
진정한 우정은 겨울에도 얼어붙지 않는다. (속담: 참된 우정은 어려움에도 변치 않는다.)

9 I'm reading a romance novel in English.
나는 영어로 된 연애 소설을 읽고 있다.

10 It was the most precious moment of my life.
그때가 내 인생에서 가장 소중한 순간이었다.

단어 이야기

만화 영화 <Minions 2(미니언즈 2, 2022)>에는 귀여운 미니언즈들과 전편보다 더욱 다채로운 악당들이 등장합니다. 6인의 악당(Vicious Six)들은 조디악 스톤을 찾아 아시아로 떠나며 최고의 악당이 되겠노라 큰소리를 치죠. **"We will become the most powerful villains in the world."** 악당의 무서움이 과연 미니언즈들의 귀여움을 이길 수 있을까요?

MP3-**075**

➔ 다음 문장을 읽고, 표시된 단어를 따라 쓴 후 2번 더 써 보세요.

1 Please tell me what you dislike the most.
네가 제일 싫어하는 게 뭔지 말해 주라. 문법 엿보기

2 She's still upset about what he did.
그녀는 그가 한 일에 여전히 화가 나 있다.

3 It's not wise to make an enemy of him.
그와 적이 되는 것은 현명하지 않다.

4 We will become the most powerful villains in the world.
우리는 세계에서 가장 센 악당이 될 것이다. 단어 이야기

5 I've got a terrible pain in my eyes.
나는 눈에 심한 통증을 느꼈다.

6 People work together to fight terror.
사람들은 테러에 맞서기 위해 힘을 합친다.

7 She was so jealous of my success.
그녀는 나의 성공을 매우 질투했다.

8 They wanted revenge for their friend.
그들은 친구를 위해 복수하고 싶어했다.

9 He betrayed his teacher's trust.
그는 선생님의 믿음을 배신했다.

10 Do you have any feelings of guilt?
무슨 죄책감 같은 게 있나요?

문법 엿보기 관계대명사 what

what + 주어 + 동사 …가 ~하는 것

what은 **무엇**이라는 뜻의 의문사로 가장 많이 만났을 거예요. 하지만 여기처럼 관계대명사로 쓰일 땐 **~하는 것**으로 해석돼요. who 같은 다른 관계대명사들이 앞의 단어를 꾸미는 역할을 한다면 what은 명사절을 이끄는 것으로, 이때 쓰이는 what은 the thing(s) which/that으로 풀어 쓸 수 있어요.

Check the Words

A 제시된 뜻의 단어가 되어 나올 수 있도록 철자들을 알맞게 배열해 주세요.

1
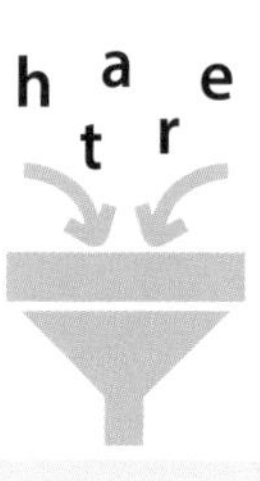

심장

2

가족

3
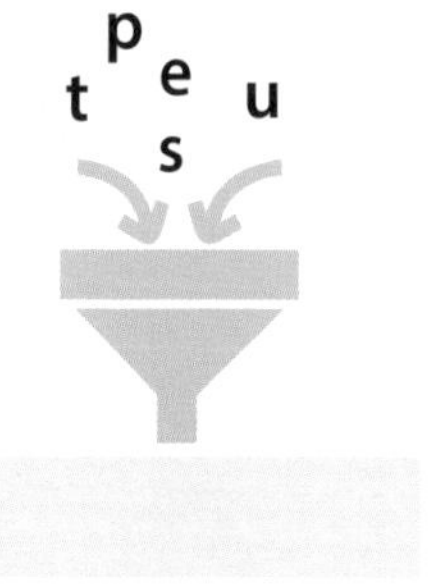

속상한

4
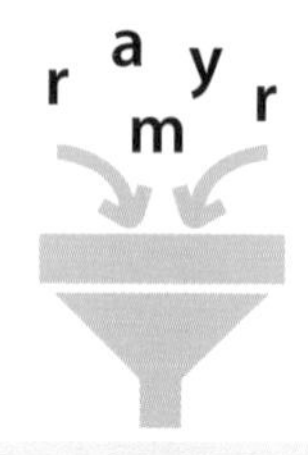

결혼하다

B 빈칸에 들어갈 단어를 골라 연결하고, 직접 써서 문장을 완성하세요.

1	What is your ____________ dessert?	ⓐ dislike
2	I have a great ____________ for our team.	ⓑ terror
3	He has deep ____________ for the sick.	ⓒ favorite
4	Please tell me what you ____________ the most.	ⓓ sympathy
5	People work together to fight ____________.	ⓔ affection
6	She was so ____________ of my success.	ⓕ jealous

C 단어에서 잘못된 철자를 찾아 고쳐 써 보세요.

1 **pretious** 소중한

2 **enimy** 적

3 **revange** 복수

4 **bitray** 배신하다

5 **gilt** 죄책감

D 우리말 뜻에 맞게 주어진 말을 올바르게 배열하여 문장을 바로 써 보세요. (동사의 경우 수를 일치하고 문장의 첫 글자는 대문자로, 문장 마지막엔 마침표를 넣어 완전한 문장으로 쓰세요.)

1 in the world / BTS is / the idol of teenagers BTS는 전 세계 십 대들의 우상이다.

____

2 true friendship / in the winter / does not freeze 진정한 우정은 겨울에도 얼어붙지 않는다.

____

3 a romance novel / in English / I'm reading 나는 영어로 된 연애 소설을 읽고 있다.

____

4 we will become / in the world / the most powerful villains
우리는 세계에서 가장 센 악당이 될 것이다.

____

5 a terrible pain / in my eyes / I've got 나는 눈에 심한 통증을 느꼈다.

____

Word Check List

➔ 아는 단어 앞에 √ 표시를 해 보세요. 기억나지 않는 단어는 다시 확인해 암기하세요.

√	단어	√	단어	√	단어
	kind		brave		happy
	polite		hero		weekend
	smile		rescue		festival
	gentle		firefighter		birthday
	manner		challenge		cozy
	apology		warrior		relax
	nurse		pioneer		utopia
	advice		adventure		positive
	appreciate		discovery		success
	care		patriot		winner
	assist		courage		allowance
	rude		afraid		sad
	anger		worry		fail
	disturb		exam		loss
	fight		speech		miss
	deny		scared		lonely
	blame		mistake		regret
	bullying		contest		sorrow
	tease		spider		tragic
	ignore		nervous		farewell
	selfish		fragile		forget
	mean		grade		disappoint

√	단어	√	단어
	good		love
	share		favorite
	donate		heart
	sacrifice		marry
	forgive		idol
	helpful		family
	volunteer		affection
	compassion		sympathy
	honesty		friendship
	modest		romance
	save		precious
	evil		hate
	steal		dislike
	unfair		upset
	abuse		enemy
	doubt		villain
	rumor		pain
	curse		terror
	witch		jealous
	crime		revenge
	pressure		betray
	addict		guilt

MP3-**076**

interesting [íntərəstiŋ] 형 재미있는

Unit 06

blockbuster [blάkbʌstər] 명 대작, 크게 성공한 책이나 영화

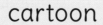

cartoon [kaːrtúːn] 명 만화 (영화)

mystery [místəri] 명 수수께끼, 신비, 신비스러운 것

invent [invént] 동 발명하다

detective [ditéktiv] 명 탐정, 형사 형 탐정의

explore [iksplɔ́ːr] 동 답사하다, 탐험하다

magic [mǽdʒik] 명 마술, 마법

curiosity [kjuəriάsəti] 명 호기심

active [ǽktiv] 형 활동적인

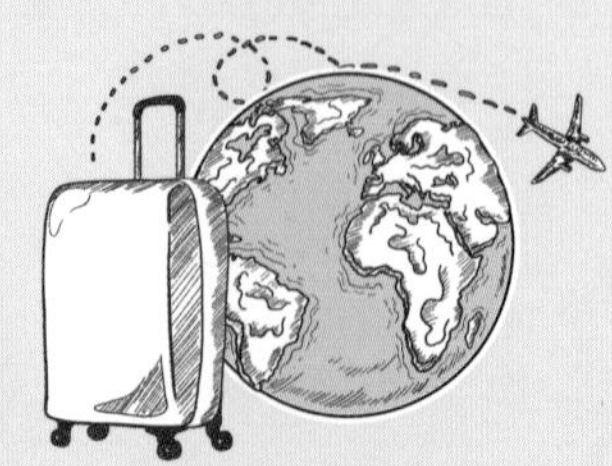

journey [dʒə́ːrni] 명 여행, 여정

boring

[bɔ́ːriŋ] 형 지루한

lecture

[léktʃər] 명 강의, 잔소리
동 강의하다, 잔소리하다

delay

[diléi] 명 지연, 지체
동 미루다, 연기하다

One thing
I like it.

many things

I like them.

grammar

[grǽmər] 명 문법

yawn

[jɔːn] 명 하품, 따분한 일
동 하품하다

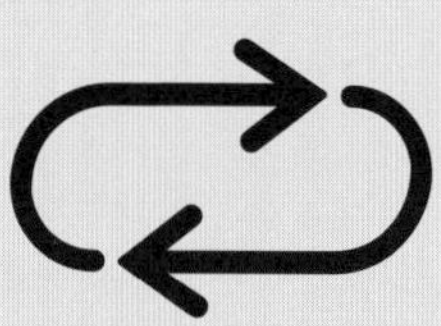

repeat

[ripíːt] 동 반복하다
명 반복

routine

[ruːtíːn] 명 규칙적으로 반복되는 일, 판에 박힌 일상

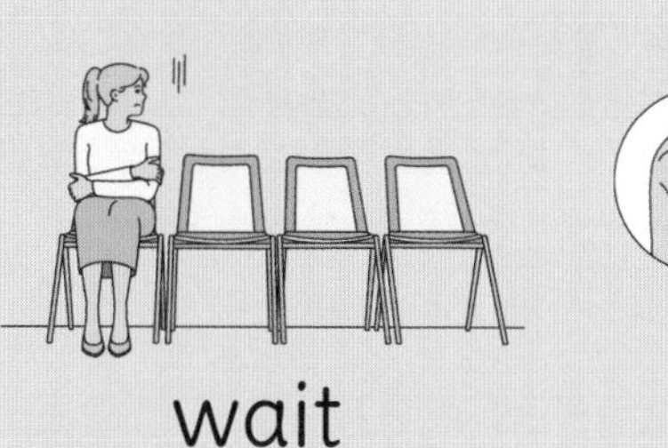

wait

[weit] 동 기다리다 명 기다림

dull

[dʌl] 형 따분한, 재미없는
동 둔해지다

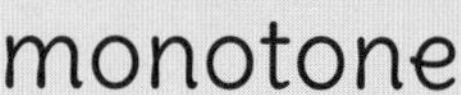

monotone

[mɑ́nətoun] 형 단조로운
명 단조로운 소리

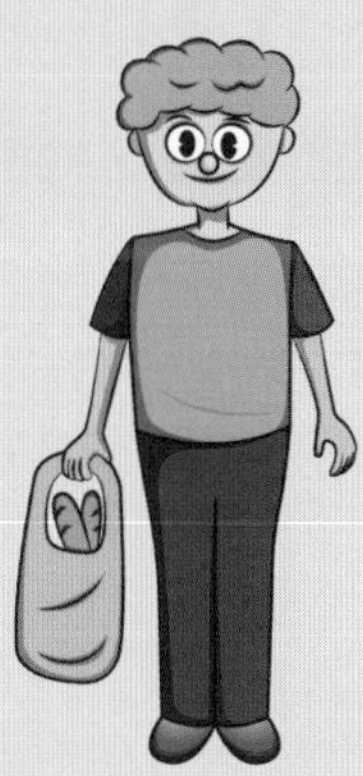

errand

[érənd] 명 심부름

Write the Words 각 단어가 문장에서 어떻게 쓰이는지 살펴보아요.

➧ 다음 문장을 읽고, 표시된 단어를 따라 쓴 후 2번 더 써 보세요.

1 Did you see the blockbuster film, *Avatar*?
대작 영화 <아바타> 봤어요?

2 My favorite cartoon character is Ironman.
내가 좋아하는 만화 캐릭터는 아이언맨이다.

3 This book is based on the old mystery.
이 책은 오래된 미스터리에 기반을 두고 있다.

4 The Wright brothers invented the submarine.
라이트 형제가 잠수함을 발명했다.

5 I like detective stories like *Sherlock Holmes*.
나는 『셜록 홈즈』 같은 탐정 소설을 좋아한다.

6 She went to the Amazon to explore the rainforest.
그녀는 열대 우림을 탐험하기 위해 아마존에 갔다.

7 Curiosity killed the cat.
호기심이 고양이를 죽였다. (속담: 과도한 호기심은 위험할 수 있다.)

8 I've met active seniors learning English.
나는 영어를 배우시는 활동적인 어르신들을 만났다.

9 We had a great time at the magic show.
우리는 마술 공연에서 즐거운 시간을 보냈다.

10 I have a long journey ahead of me.
나는 앞으로 긴 여행을 가야 한다. 단어 이야기

단어 이야기

만화 영화 <The Prince of Egypt(이집트 왕자, 1998)>는 철없고 거칠 것 없는 이집트의 왕자인 Rameses(람세스)와 Moses(모세)의 모습으로 시작합니다. 왕자의 선물로 붙잡혀 왔다가 궁전을 탈출한 미디안 여인은 사막으로 먼 길을 떠나기 전 물을 구하며 이렇게 말하죠. **"Please, I need water. I have a long journey ahead of me.**(저 정말 물이 필요해요. 앞으로 긴 여행을 가야 하거든요.)**"** 간절한 이에게 물을 준 이들은 누구였을까요?

다음 문장을 읽고, 표시된 단어를 따라 쓴 후 2번 더 써 보세요.

1 She gave a boring lecture on food.
그녀는 음식에 관해 지루한 설교를 한다.

2 You need to check your spelling and grammar.
너는 철자와 문법을 확인해야 한다.

3 I saw my classmates stretching and yawning.
나는 반 친구들이 기지개 켜며 하품하는 것을 보았다.

4 They were delayed by traffic.
그들은 교통 체증 때문에 지체되었다.

5 He repeats the same stories over and over.
그는 같은 이야기를 계속해서 반복한다.

6 She needed to wait in line for the tickets.
그녀는 입장권을 사기 위해 줄을 서서 기다려야 했다.

7 I'm tired of the same routine every day.
나는 매일 반복되는 똑같은 일상이 지겹다.

8 The play was dull and boring.
그 연극은 따분하고 지루했다.

9 She always speaks in a monotone.
그녀는 언제나 단조로운 어조로 말한다.

10 I should have run errands for my parents.
나는 부모님을 위해 심부름을 해드렸어야 했다. 문법 엿보기

문법 엿보기 후회를 나타내는 should have p.p.

should have + 과거분사
'should have + 과거분사'는 **~했어야 했다**라는 뜻으로 과거에 했어야 했는데 하지 못한 일에 대한 후회나 안타까움을 표현하는 데 쓰여요. 문장에서 run은 동사원형이 아니라 run(원형)-ran(과거)-run(과거분사) 중 과거분사의 run이에요. 따라서 '갔어야 했다'라는 뜻으로 쓰려면 should have gone이 되겠죠.

Check the Words

A 제시된 뜻의 단어가 되어 나올 수 있도록 철자들을 알맞게 배열해 주세요.

1 

수수께끼

2 

지연

3 

기다리다

4 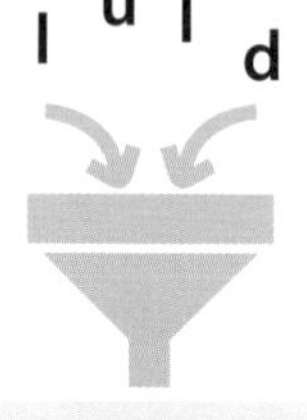

따분한

B 빈칸에 들어갈 단어를 골라 연결하고, 직접 써서 문장을 완성하세요.

1 My favorite ____________ character is Ironman. • • ⓐ cartoon

2 I like ____________ stories like *Sherlock Holmes*. • • ⓑ journey

3 She went to the Amazon to _______ the rainforest. • • ⓒ explore

4 I have a long ____________ ahead of me. • • ⓓ grammar

5 I'm tired of the same ____________ every day. • • ⓔ routine

6 You need to check your spelling and ____________. • • ⓕ detective

C 단어에서 잘못된 철자를 찾아 고쳐 써 보세요.

1 **bluckbuster** 대작

2 **invant** 발명하다

3 **curiocity** 호기심

4 **monoton** 단조로운

5 **errend** 심부름

D 우리말 뜻에 맞게 주어진 말을 올바르게 배열하여 문장을 바로 써 보세요. (동사의 경우 수를 일치하고 문장의 첫 글자는 대문자로, 문장 마지막엔 마침표를 넣어 완전한 문장으로 쓰세요.)

1 active seniors / I've met / learning English 나는 영어를 배우시는 활동적인 어르신들을 만났다.

____

2 we had / at the magic show / a great time 우리는 마술 공연에서 즐거운 시간을 보냈다.

____

3 she gave / on food / a boring lecture 그녀는 음식에 관해 지루한 설교를 했다.

____

4 my classmates / stretching and yawning / I saw 나는 반 친구들이 기지개 켜며 하품하는 것을 보았다.

____

5 he repeats / over and over / the same stories 그는 같은 이야기를 계속해서 반복한다.

____

difficult

[dífikʌlt] 형 어려운

mission

[míʃən] 명 임무

riddle

[rídl] 명 수수께끼, 불가사의

trouble

[trʌbl] 명 문제, 골칫거리
동 애먹이다

impossible

[impάsəbl] 형 불가능한, 난감한
명 불가능한 것

marathon

[mǽrəθɑn] 명 마라톤,
마라톤 같은 일

final

[fáinl] 명 결승전
형 마지막의, 최종적인

SPEED
LIMIT
40

limit

[límit] 명 한계
동 제한하다

law

[lɔː] 명 법

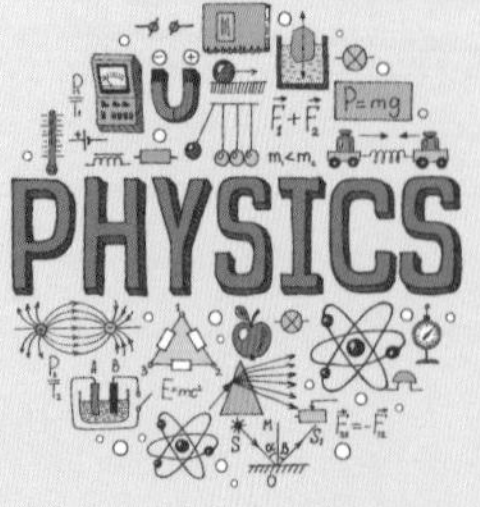

physics

[fíziks] 명 물리학

effort

[éfərt] 명 수고, 노력

easy [íːzi] 형 쉬운

simple
[símpl] 형 간단한, 단순한

shortcut
[ʃɔ́ːrtkʌt] 명 지름길, 손쉬운 방법
형 손쉬운, 간단한

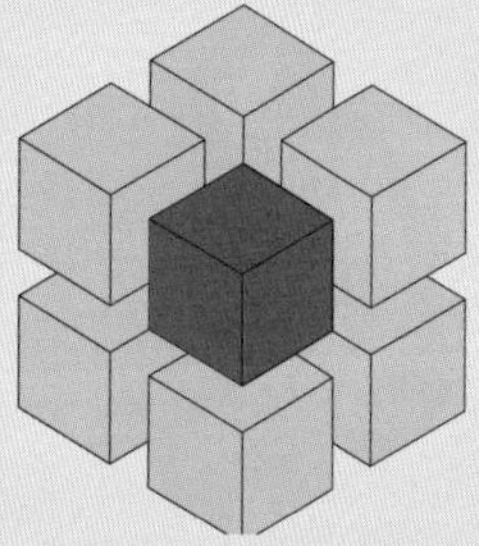

obvious
[ɑ́bviəs] 형 분명한, 뻔한

beginner
[bigínər] 명 초보자

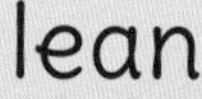

lean
[liːn] 동 기대다, 의지하다, 기울이다

convenience
[kənvíːniəns] 명 편의, 편리, 편의 시설

handy
[hǽndi] 형 유용한, 이용하기 편한 곳에 있는, 손재주가 있는

instant
[ínstənt] 형 즉각적인, 인스턴트의
명 순간

daydream
[déidriːm] 명 백일몽, 공상
동 백일몽을 꾸다

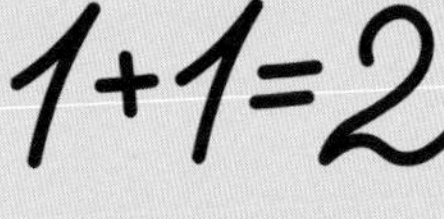

addition
[ədíʃən] 명 덧셈, 추가

Write the Words

각 단어가 문장에서 어떻게 쓰이는지 살펴보아요.

➔ 다음 문장을 읽고, 표시된 단어를 따라 쓴 후 2번 더 써 보세요.

1 The spaceship has a mission to Mars.
그 우주선은 화성으로 가는 임무를 맡고 있다.

2 Scientists solved a riddle about Antarctica.
과학자들이 남극에 대한 수수께끼를 풀었다.

3 I am not looking for trouble.
나는 문제를 일으키고 싶지 않다.

4 We were asked to do the impossible.
우리는 불가능한 일을 하도록 요청 받았다. 단어 이야기

5 He came in first in the Seoul marathon.
그는 서울 마라톤 대회에서 일등으로 들어왔다.

6 Our team didn't make it to the finals.
우리 팀은 결승전에 진출하지 못했다.

7 This law is difficult to understand.
이 법은 이해하기 어렵다.

8 She studied physics at college.
그녀는 대학에서 물리학을 공부했다.

9 Don't limit your challenges; challenge your limits.
네 도전의 한계를 정하지 말고, 네 한계에 도전하라. (명언)

10 If you want something, you should make an effort.
네가 무언가를 원한다면 노력해야 한다.

단어 이야기

만화 영화 <Big Hero(빅 히어로, 2014)>에는 새하얗고 푹신한 건강 관리 로봇 Baymax(베이맥스)가 등장합니다. 이 외에도 천재적인 과학자들의 기발한 발명품들이 눈을 즐겁게 하죠. 한편, 영화 속에 나오는 거대 회사는 순간 이동 장치를 선보이며 이야기합니다. **"We were asked to do the impossible."** 그들은 자신들의 업적이 얼마나 대단한 것인지 으스대지만 과연 모든 발명품이 사람에게 이로울까요?

➔ 다음 문장을 읽고, 표시된 단어를 따라 쓴 후 2번 더 써 보세요.

1 This machine is so simple that anyone can use it.
이 기계는 매우 간단해서 누구나 이용할 수 있다. **문법 엿보기**

2 You can take a shortcut across the river.
당신은 강을 건너서 지름길로 갈 수 있다.

3 I took English classes for beginners.
나는 초보자들을 위한 영어 수업을 들었다.

4 You can take my hands and lean on me.
내 손을 잡고 나에게 기대도 된다.

5 It seems obvious to me.
그것은 나에게 뻔해 보인다.

6 I'll stop by the convenience store.
나는 편의점에 들를 것이다.

7 You can ask for handy tips from him.
그에게 간단한 조언을 구해도 좋다.

8 We like instant food because it's quick and easy.
우리는 빠르고 쉽기 때문에 즉석 식품을 좋아한다.

9 I had a daydream in class.
나는 수업 시간에 공상에 잠겼다.

10 The kid is ready to learn simple addition.
그 아이는 간단한 덧셈을 배울 준비가 되었다.

문법 엿보기 so *A* that *B*

so + 형용사/부사 + that + 주어 + 동사
so *A* that *B* 구문은 **매우 *A*해서 *B*하다**라는 뜻으로 해석이 되며, so 다음에 오는 *A*가 **원인**, that 다음에 오는 *B*가 **결과**를 나타냅니다. 문장 속에서 so를 발견한다면 뒤에 that이 있는지 확인하고 어떻게 해석해야 할지 결정하세요.

Check the Words

A 제시된 뜻의 단어가 되어 나올 수 있도록 철자들을 알맞게 배열해 주세요.

1
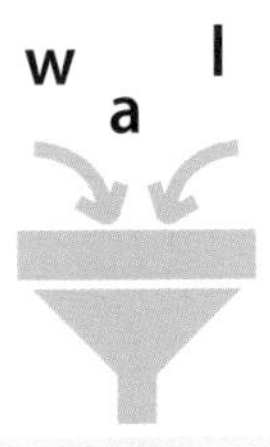

법

2

한계

3

간단한

4
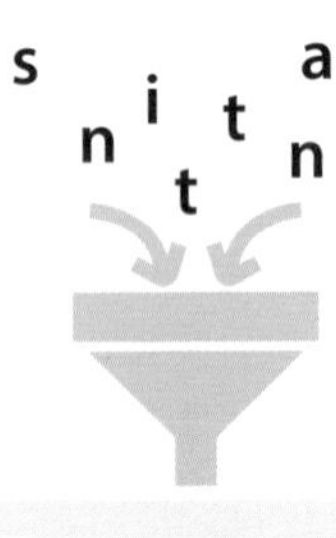

즉각적인

B 빈칸에 들어갈 단어를 골라 연결하고, 직접 써서 문장을 완성하세요.

1 The spaceship has a ______________ to Mars. • • ⓐ lean

2 She studied ______________ at college. • • ⓑ physics

3 The kid is ready to learn simple __________. • • ⓒ mission

4 You can take my hands and _________ on me. • • ⓓ addition

5 You can ask for ______________ tips from him. • • ⓔ effort

6 If you want something, you should make an ______________. • • ⓕ handy

C 단어에서 잘못된 철자를 찾아 고쳐 써 보세요.

1 **truble** 문제

2 **impassible** 불가능한

3 **abvious** 분명한

4 **convinence** 편의

5 **deydream** 공상

D 우리말 뜻에 맞게 주어진 말을 올바르게 배열하여 문장을 바로 써 보세요. (동사의 경우 수를 일치하고 문장의 첫 글자는 대문자로, 문장 마지막엔 마침표를 넣어 완전한 문장으로 쓰세요.)

1 about Antarctica / scientists solved / a riddle 과학자들은 남극에 대한 수수께끼를 풀었다.

____

2 he came / in the Seoul marathon / in first 그는 서울 마라톤 대회에서 일등으로 들어왔다.

____

3 to the finals / didn't make it / our team 우리 팀은 결승전에 진출하지 못했다.

____

4 you can / and lean on me / take my hands 내 손을 잡고 나에게 기대도 된다.

____

5 English classes / for beginners / I took 나는 초보자들을 위한 영어 수업을 들었다.

____

MP3-**082**

dark [daːrk] 형 어두운

Unit 08

cave

[keiv] 명 동굴

shadow

[ʃǽdou] 명 그림자, 어둠

basement

[béismənt] 명 지하층

mine

[main] 명 광산, 지뢰

tunnel

[tʌnl] 명 터널, 굴
동 터널을 뚫다

shade

[ʃeid] 명 그늘, 빛 가리개
동 (빛을) 가리다

underground

[ə́ndərgraund] 형 지하의

dim

[dim] 형 어둑한
동 어둑해지다

eclipse

[iklíps] 명 (일식, 월식의) 식
동 빛을 잃게 만들다

nightmare

[náitmeər] 명 악몽, 아주 끔찍한 일

[brait] 형 밝은 bright

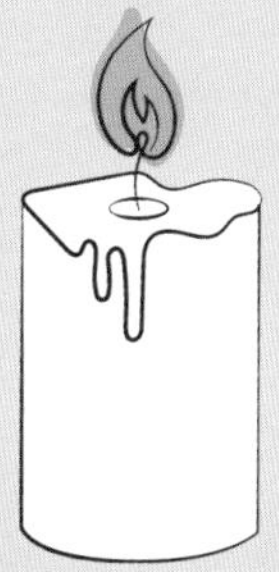

candle
[kǽndl] 명 양초

sunshine
[sʌ́nʃàin] 명 햇빛

aurora
[ɔːrɔ́ːrə] 명 오로라

moonlight
[múːnlait] 명 달빛

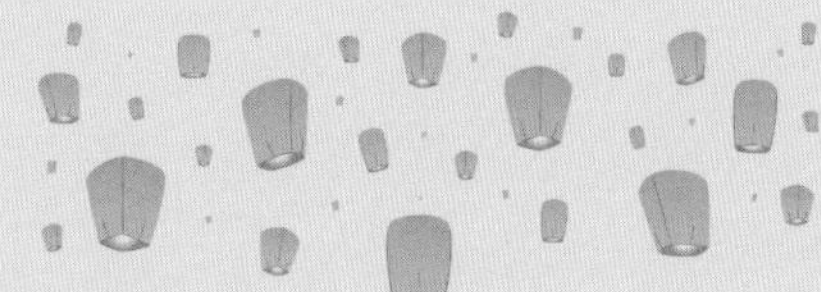

lantern
[lǽntərn] 명 등, 랜턴, 손전등

lamp
[læmp] 명 램프

glow
[glou] 동 빛나다, 타다
명 불빛, 홍조

sparkle
[spɑ́ːrkl] 동 반짝이다, 생기 넘치다
명 광채, 생기

luminous
[lúːminəs] 형 어둠에서 빛나는, 야광의, 선명한

headlight
[hédlait] 명 (자동차의) 전조등, 헤드라이트

Write the Words

각 단어가 문장에서 어떻게 쓰이는지 살펴보아요.

➔ 다음 문장을 읽고, 표시된 단어를 따라 쓴 후 2번 더 써 보세요.

1 Bats live deep in a dark cave.
박쥐는 어두운 동굴 깊숙이 산다.

2 The skyscrapers cast a shadow on the street.
고층 빌딩들이 거리에 그림자를 드리운다.

3 I was scared to go down to the basement.
나는 지하실에 내려가기가 무서웠다.

4 They saw the light at the end of the tunnel.
그들은 터널 끝에서 불빛을 보았다.

5 They were trapped in the coal mine.
그들은 석탄 광산에 갇혀 있었다.

6 You need cool shade in the hot sun.
태양이 뜨거울 때는 시원한 그늘이 필요하다.

7 Wild hamsters live in underground.
야생 햄스터들은 땅속에 산다.

8 It became very dark during the solar eclipse.
일식이 일어나는 동안 매우 어두워졌다.

9 Would you dim the lights, please?
불 좀 어둡게 해 주시겠어요?

10 I had a nightmare last night.
나는 어젯밤에 악몽을 꾸었다.

단어 이야기

만화 영화 <Tangled(라푼젤, 2010)> 속 주인공 Rapunzel(라푼젤)은 마법의 머리칼을 가진 탓에 마녀에게 납치당해 탑에 갇혀 살게 됩니다. 딸을 잃은 왕과 왕비는 해마다 라푼젤의 생일이 되면 수많은 풍등을 띄워 올리며 딸이 돌아오기를 빌죠. 라푼젤은 탑의 작은 창문으로 풍등을 바라보며 바깥 세상을 궁금해하고 등을 가까이에서 보고 싶어합니다. **"I just want to see the floating lanterns gleam."**

➜ 다음 문장을 읽고, 표시된 단어를 따라 쓴 후 2번 더 써 보세요.

1 I put candles on her birthday cake.
나는 그녀의 생일 케이크에 초를 꽂았다.

2 We're enjoying the morning sunshine.
우리는 아침 햇살을 즐기고 있다.

3 It was under the moonlight that I felt peaceful.
내가 평화로움을 느낀 것은 바로 달빛 아래였다. 문법 엿보기

4 I switched on the desk lamp.
나는 책상 등을 켰다.

5 Artificial lights can't compete with an aurora.
인공 조명은 오로라와 경쟁할 수 없다.

6 We were looking at the glow of the fire.
우리는 모닥불 불빛을 보고 있었다.

7 I just want to see the floating lanterns gleam.
나는 단지 풍등의 불빛을 보고 싶다. 단어 이야기

8 There are a lot of luminous stars in her room.
그녀의 방에는 야광별이 많이 있다.

9 The queen wore a sparkling diamond necklace.
여왕은 반짝이는 다이아몬드 목걸이를 걸고 있었다.

10 You'll need headlights when it's dark.
어두우면 전조등이 필요할 것이다.

문법 엿보기 강조 구문

it + be동사 + 강조하고자 하는 내용 + that ~

it ~ that … 구문은 특정 단어나 구를 강조하기 위해 사용하는 방법이에요. 문장에서 강조하고자 하는 단어, 즉 주어, 목적어, 부사 등을 빼서 그대로 it과 that 사이에 넣어 주면 돼요. 빠져나간 단어 때문에 that 뒤에 오는 부분이 어색해 보일 때도 있지만 오히려 그 때문에 강조구문인지 알아차리기 쉽답니다.

Check the Words

A 제시된 뜻의 단어가 되어 나올 수 있도록 철자들을 알맞게 배열해 주세요.

1
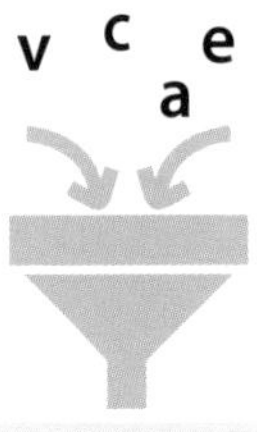

동굴

2

광산

3
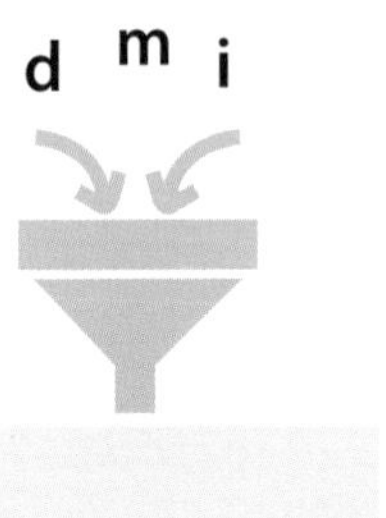

어둑한

4

양초

B 빈칸에 들어갈 단어를 골라 연결하고, 직접 써서 문장을 완성하세요.

1 I was scared to go down to the ____________. • • ⓐ shadow

2 The skyscrapers cast a ____________ on the street. • • ⓑ sunshine

3 We're enjoying the morning ____________. • • ⓒ lamp

4 I switched on the desk ____________. • • ⓓ basement

5 We were looking at the ____________ of the fire. • • ⓔ nightmare

6 I had a ____________ last night. • • ⓕ glow

C 단어에서 잘못된 철자를 찾아 고쳐 써 보세요.

1 **iclipse** 일식

2 **lentern** 손전등

3 **lumius** 야광의

4 **spakle** 반짝이다

5 **arora** 오로라

D 우리말 뜻에 맞게 주어진 말을 올바르게 배열하여 문장을 바로 써 보세요. (동사의 경우 수를 일치하고 문장의 첫 글자는 대문자로, 문장 마지막엔 마침표를 넣어 완전한 문장으로 쓰세요.)

1 the light / they saw / at the end of the tunnel 그들은 터널 끝에서 불빛을 보았다.

____

2 cool shade / you need / in the hot sun 태양이 뜨거울 때는 시원한 그늘이 필요하다.

____

3 wild hamsters / underground / live in 야생 햄스터들은 땅속에 산다.

____

4 that I felt peaceful / it was / under the moonlight 내가 평화로움을 느낀 것은 바로 달빛 아래서였다.

____

5 you'll need / when it's dark / headlights 어두우면 전조등이 필요할 것이다.

____

safe [seif] 형 안전한

bank
[bæŋk] 명 은행, 둑
동 예금하다

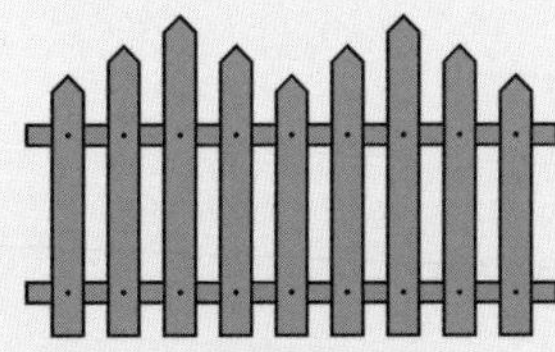

fence
[fens] 명 울타리
동 울타리를 치다

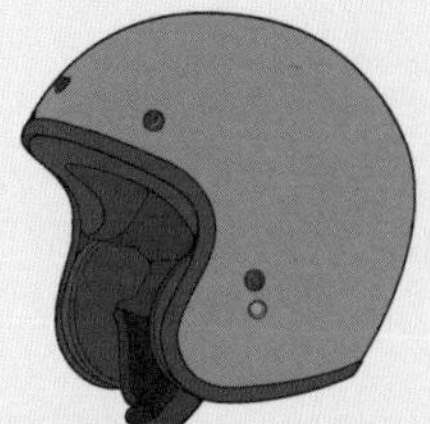

helmet
[hélmit] 명 헬멧

shelter
[ʃéltər] 명 대피, 피신(처)
동 (위험 등을) 피하다, 막아주다

code
[koud] 명 코드, 암호, 부호
동 암호로 쓰다

protect
[prətékt] 동 보호하다, 지키다

security
[sikjúərəti] 명 보안, 경비, 보장

sanctuary
[sǽŋktʃueri] 명 보호 구역, 성역

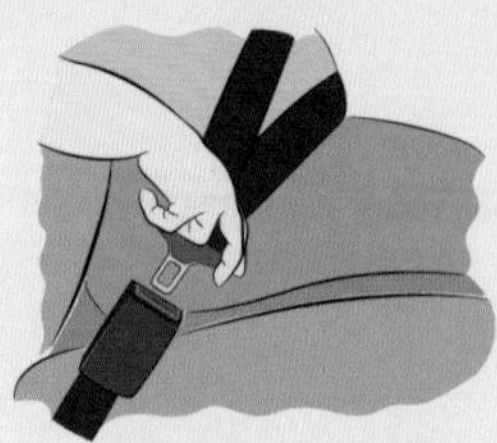

seatbelt
[síːtbelt] 명 안전벨트

shield
[ʃiːld] 명 방패 동 보호하다

[déindʒərəs] 형 위험한 dangerous

wild

[waild] 형 야생의

steep

[stiːp] 형 가파른, 급격한

accident

[ǽksidənt] 명 사고, 재해

earthquake

[ə́ːrθkweik] 명 지진

cliff

[klif] 명 절벽

victim

[víktim] 명 피해자, 희생자, 제물

violent

[váiələnt] 형 폭력적인, 난폭한

nuclear

[núːkliər] 형 핵의, 원자력의

endangered

[indéindʒərd] 형 멸종 위기에 처한

pandemic

[pændémik] 명 (전 세계적인) 유행병

Write the Words

각 단어가 문장에서 어떻게 쓰이는지 살펴보아요.

➔ 다음 문장을 읽고, 표시된 단어를 따라 쓴 후 2번 더 써 보세요.

1 I want to open a bank account.
나는 은행 계좌를 새로 만들고 싶다.

2 The horses are safe inside the fence.
그 말들은 울타리 안에서 안전하다.

3 It is safe to wear a helmet.
헬멧을 쓰는 것이 안전하다.

4 We found shelter in the cave.
우리는 동굴에서 피난처를 발견했다.

5 The enemy's message was written in code.
적의 메시지는 암호로 쓰여 있었다.

6 They are supposed to protect children.
그들은 아이들을 지켜주어야 한다.

7 The terrorists threaten national security.
테러리스트들이 국가 안보를 위협한다.

8 Don't forget that seatbelts save lives.
안전벨트가 생명을 살린다는 것을 잊지 마세요.

9 I need to go to their sanctuary.
나는 그들의 보호 구역으로 가야 한다. 단어 이야기

10 The warriors held up their spears and shields.
전사들은 그들의 창과 방패를 들었다.

단어 이야기

영화 <Jurassic World: Dominion(쥬라기 월드 도미니언, 2022)>은 공룡과 인간이 섞여 살고 있는 세상을 배경으로 합니다. 인간들은 여전히 자신의 욕심을 채우고자 공룡들을 잡아 가두고 실험을 하죠. 변종 메뚜기로 인한 문제가 심각해지자 Ellie(엘리) 박사는 몰래 거대 회사의 실험실에 들어가 알아보고자 합니다. **"I need to go to their sanctuary."**

➔ 다음 문장을 읽고, 표시된 단어를 따라 쓴 후 2번 더 써 보세요.

1 Bears are dangerous wild animals.
곰은 위험한 야생 동물이다.

2 The stairs to the tower were steep.
타워로 올라가는 계단은 가팔랐다.

3 The film reminds me of a terrible accident.
그 영화는 나에게 끔찍한 사고를 떠올리게 한다. 문법 엿보기

4 The earthquake destroyed buildings and roads.
지진이 건물과 도로를 파괴했다.

5 He was screaming on the top of a cliff.
그는 절벽 꼭대기에서 비명을 지르고 있었다.

6 Those children are the victims of war.
그 아이들은 전쟁의 피해자들이다.

7 Some video games are too violent for kids.
몇몇 비디오 게임은 아이들에게 너무 폭력적이다.

8 People are scared of a nuclear war.
사람들은 핵전쟁을 두려워한다.

9 Pandas are endangered animals.
판다는 멸종 위기 동물이다.

10 Many people died during the COVID-19 pandemic.
코로나 대유행으로 많은 사람들이 죽었다.

문법 엿보기 remind *A* of *B*

remind + 사람 + of + 사람/사건/물건 등
remind는 **상기시키다, 기억나도록 알려주다**라는 뜻으로 쓰이고, 상기시키는 대상을 표현하는 데 **of + 명사구**를 씁니다. 다시 말해, **remind *A* of *B***라면 *A*는 **사람**, *B*는 **생각나게 하는 사람이나 일** 등이 되는 것이죠.

Check the Words

A 제시된 뜻의 단어가 되어 나올 수 있도록 철자들을 알맞게 배열해 주세요.

1

은행

2

암호

3
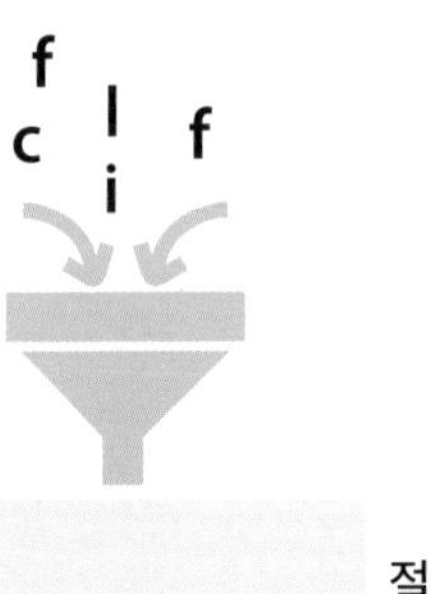

절벽

4

야생의

B 빈칸에 들어갈 단어를 골라 연결하고, 직접 써서 문장을 완성하세요.

1 We found ____________ in the cave. • • ⓐ protect

2 They are supposed to ____________ children. • • ⓑ nuclear

3 The terrorists threaten national ____________. • • ⓒ security

4 Those children are the ____________ of war. • • ⓓ shelter

5 People are scared of a ____________ war. • • ⓔ endangered

6 Pandas are ____________ animals. • • ⓕ victims

C 단어에서 잘못된 철자를 찾아 고쳐 써 보세요.

1 **seetbelt** 안전벨트

2 **santuary** 보호 구역

3 **violant** 폭력적인

4 **pendemic** 유행병

5 **fance** 울타리

D 우리말 뜻에 맞게 주어진 말을 올바르게 배열하여 문장을 바로 써 보세요. (동사의 경우 수를 일치하고 문장의 첫 글자는 대문자로, 문장 마지막엔 마침표를 넣어 완전한 문장으로 쓰세요.)

1 it is safe / a helmet / to wear 헬멧을 쓰는 것이 안전하다.

____

2 held up / the warriors / their spears and shields 전사들은 그들의 창과 방패를 들었다.

____

3 to the tower / were steep / the stairs 타워로 올라가는 계단은 가팔랐다.

____

4 reminds me of / the film / a terrible accident 그 영화는 나에게 끔찍한 사고를 떠올리게 한다.

____

5 the earthquake / buildings and roads / destroyed 지진이 건물과 도로를 파괴했다.

____

MP3-**088**

live [liv] 동 살다

born
[bɔːrn] 형 태어난, 타고난

grow
[grou] 동 자라다, 커지다

lifespan
[láifspæn] 명 수명

energy
[énərdʒi] 명 기운, 활기, 에너지

nutrition
[nuːtríʃən] 명 영양 (섭취)

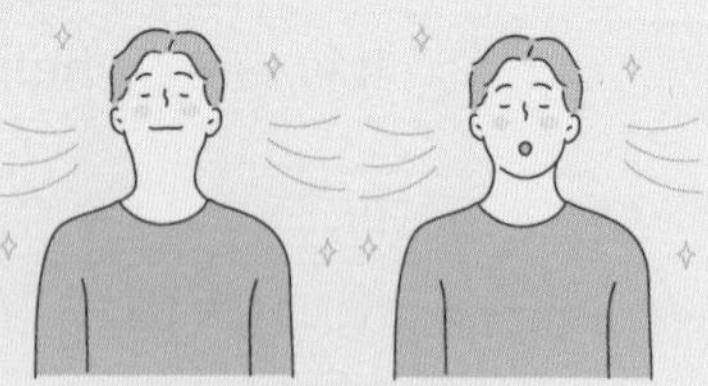

breathe
[briːð] 동 호흡하다, 숨 쉬다

evolve
[ivɑ́ːlv] 동 진화하다, 발달하다

survive
[sərváiv] 동 살아남다, 생존하다

vital
[váitl] 형 생명 유지에 필수적인, 활력이 넘치는

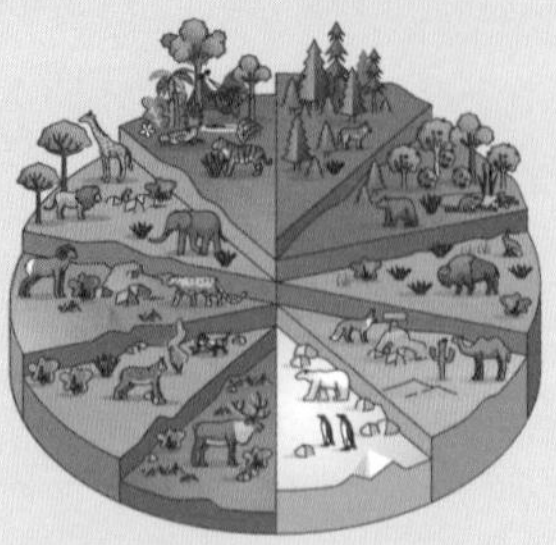

habitat
[hǽbitæt] 명 서식지

die [dai] 동 죽다

leave
[li:v] 동 떠나다, 그만두다

funeral
[fjú:nərəl] 명 장례식

heaven
[hévn] 명 천국, 하늘

legacy
[légəsi] 명 유산

tomb
[tu:m] 명 무덤

expire
[ikspáiər] 동 만료되다, 끝나다

extinction
[ikstíŋkʃn] 명 멸종, 소멸

ghost
[goust] 명 유령, 귀신

kill
[kil] 동 죽이다

poison
[pɔ́izn] 명 독, 독약

Write the Words

각 단어가 문장에서 어떻게 쓰이는지 살펴보아요.

➡ 다음 문장을 읽고, 표시된 단어를 따라 쓴 후 2번 더 써 보세요.

1 She was born in the summer of 2002.
그녀는 2002년 여름에 태어났다.

2 Money doesn't grow on trees.
돈은 나무에서 자라지 않는다. (속담: 돈은 쉽게 벌리지 않는다.)

3 The children are always full of energy.
아이들은 항상 활력이 넘친다.

4 The average lifespan of a cat is around 12~15 years.
고양이의 평균 수명은 12살에서 15살 정도이다.

5 It's hard to breathe with a face mask.
얼굴에 마스크를 쓰면 숨쉬기가 힘들다.

6 Many Pokémon evolve to be the best.
많은 포켓몬이 진화하여 최고가 된다.

7 We need to know about proper nutrition.
우리는 적절한 영양 섭취에 대해 알아야 한다.

8 I believe that we're going to survive.
나는 우리가 살아남을 것을 믿는다.

9 The doctors checked his vital signs.
의사들은 그의 활력 징후를 체크했다.

10 Wild animals are losing their habitat.
야생 동물들은 그들의 서식지를 잃고 있다.

단어 이야기

영화 <Mulan(뮬란, 2020)>은 당차게 시대의 관습과 싸워 나가는 여성의 이야기를 담고 있습니다. 여성인 것을 숨기고 군에 입대한 뮬란은 오래전 아버지의 전우였던 장군을 만나게 되는데, 장군은 뮬란에게 아버지의 명성이 큰 짐이 될 수 있지만 그것에 눌려서는 안 된다고 말합니다. **"You can't allow your father's legacy to hold you back."** legacy는 물려받은 재산을 의미하기도 하지만 명성이나 재능 같은 유산을 의미하기도 하죠.

MP3-**090**

➔ 다음 문장을 읽고, 표시된 단어를 따라 쓴 후 2번 더 써 보세요.

1 He had to leave us for a while.
그는 한동안 우리에게서 떠나야 했다.

2 His funeral was held in his hometown.
그의 장례식이 그의 고향에서 열렸다.

3 I believe she died and went to heaven.
나는 그녀가 죽어서 천국에 갔다고 믿는다.

4 You can't allow your father's legacy to hold you back.
너의 아버지의 유산이 네 자신을 주저 앉히도록 하면 안 된다. 단어 이야기

5 Those tombs are protected by a curse.
그 무덤들은 저주에 의해 지켜진다.

6 My library card expired last month.
내 도서관 카드는 지난 달에 만료되었다.

7 It might be an extinction-level event.
그것은 멸종 수준의 사건일지도 모른다.

8 She looked scared as if she had seen a ghost.
그녀는 마치 귀신을 본 것처럼 겁먹은 듯 보였다. 문법 엿보기

9 Many people were killed in the earthquake.
많은 사람들이 그 지진으로 사망했다.

10 Some snakes have deadly poison.
어떤 뱀들은 치명적인 독을 가지고 있다.

문법 엿보기 가정법 과거완료

as if + 가정법 과거완료
as if는 가정법 과거나 과거완료와 쓰여 실현 가능성이 희박한 일을 말합니다. 위의 문장에서는 과거완료 had seen과 함께 쓰여 **마치 ~였던 것처럼**으로 해석되며 과거 사실의 반대를 의미하죠. 다시 말해 그녀는 실제로 귀신을 본 건 아니란 말이에요.

Check the Words

A 제시된 뜻의 단어가 되어 나올 수 있도록 철자들을 알맞게 배열해 주세요.

1 

태어난

2 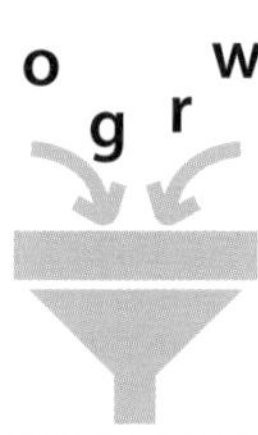

자라다

3 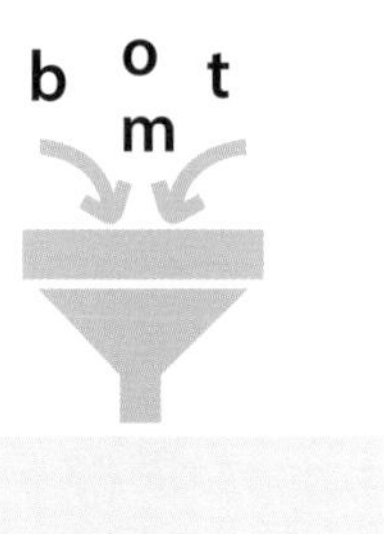

무덤

4 

죽이다

B 빈칸에 들어갈 단어를 골라 연결하고, 직접 써서 문장을 완성하세요.

1 The doctors checked his ______________ signs. • • ⓐ poison

2 He had to ______________ us for a while. • • ⓑ ghost

3 I believe she died and went to ______________. • • ⓒ vital

4 She looked scared as if she had seen a _________. • • ⓓ heaven

5 Some snakes have deadly ______________. • • ⓔ leave

6 Many Pokémon ______________ to be the best. • • ⓕ evolve

C 단어에서 잘못된 철자를 찾아 고쳐 써 보세요.

1 **lifespen** 수명

2 **nutrision** 영양

3 **hebitat** 서식지

4 **exticion** 멸종

5 **servive** 살아남다

D 우리말 뜻에 맞게 주어진 말을 올바르게 배열하여 문장을 바로 써 보세요. (동사의 경우 수를 일치하고 문장의 첫 글자는 대문자로, 문장 마지막엔 마침표를 넣어 완전한 문장으로 쓰세요.)

1 the children / energy / are always full of 아이들은 항상 활력이 넘친다.

____

2 with a face mask / it's hard / to breathe 얼굴에 마스크를 쓰면 숨쉬기가 힘들다.

____

3 in his hometown / was held / his funeral 그의 장례식이 그의 고향에서 열렸다.

____

4 your father's legacy / to hold you back / you can't allow
너의 아버지의 유산이 네 자신을 주저 앉히도록 하면 안 된다.

____

5 last month / expired / my library card 내 도서관 카드는 지난 달에 만료되었다.

____

Word Check List

➔ 아는 단어 앞에 √ 표시를 해 보세요. 기억나지 않는 단어는 다시 확인해 암기하세요.

√	단어	√	단어	√	단어
	interesting		difficult		dark
	blockbuster		mission		cave
	cartoon		riddle		shadow
	mystery		trouble		basement
	invent		impossible		tunnel
	detective		marathon		mine
	explore		final		shade
	curiosity		law		underground
	active		physics		eclipse
	magic		limit		dim
	journey		effort		nightmare
	boring		easy		bright
	lecture		simple		candle
	grammar		shortcut		sunshine
	yawn		beginner		moonlight
	delay		lean		lamp
	repeat		obvious		aurora
	wait		convenience		glow
	routine		handy		lantern
	dull		instant		luminous
	monotone		daydream		sparkle
	errand		addition		headlight

√	단어	√	단어
	safe		live
	bank		born
	fence		grow
	helmet		energy
	shelter		lifespan
	code		breathe
	protect		evolve
	security		nutrition
	seatbelt		survive
	sanctuary		vital
	shield		habitat
	dangerous		die
	wild		leave
	steep		funeral
	accident		heaven
	earthquake		legacy
	cliff		tomb
	victim		expire
	violent		extinction
	nuclear		ghost
	endangered		kill
	pandemic		poison

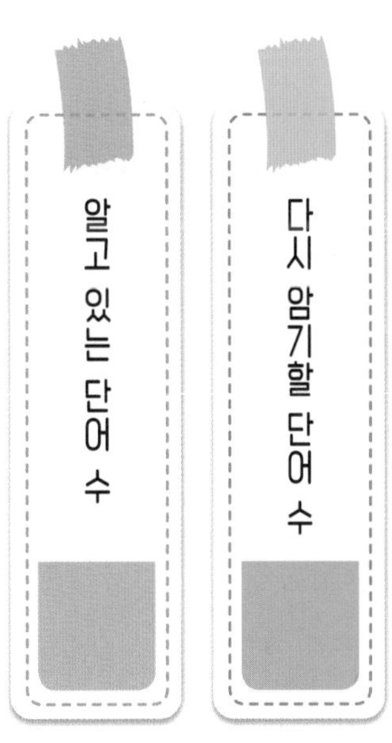

상황을 떠올려 기억해요

clean [kliːn] 형 깨끗한

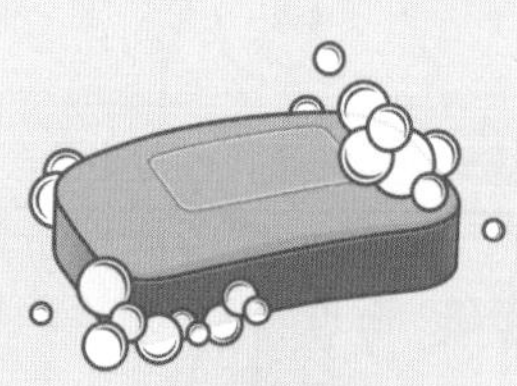

soap
[soup] 명 비누
동 비누칠을 하다

broom
[bruːm] 명 빗자루
동 비로 쓸다

shave
[ʃeiv] 명 면도
동 면도하다

erase
[iréis] 동 지우다

bathtub
[bǽθtʌb] 명 욕조

polish
[pάliʃ] 명 광택제, 윤내기
동 윤이 나도록 닦다

sweep
[swiːp] 동 (빗자루 등으로) 쓸다

organized
[ɔ́ːrgənaizd] 형 정리된, 체계적인

recycle
[riːsáikl] 동 재활용하다

sanitizer
[sǽnitaizər] 명 살균제

[də́ːrti] 형 더러운 dirty

trash
[træʃ] 명 쓰레기, 쓰레기 같은 것

dirt
[dəːrt] 명 먼지, 때, 흙

mud
[mʌd] 명 진흙, 진창

stain
[stein] 명 얼룩
동 얼룩지게 하다, 더럽히다

mess
[mes] 명 (지저분하고) 엉망진창인 상태
동 엉망으로 만들다

stinky
[stíŋki] 형 악취가 나는, 역겨운

landfill
[lǽndfil] 명 쓰레기 매립지

rotten
[rɑ́tn] 형 썩은, 부패한, 형편없는

waste
[weist] 명 폐기물, 쓰레기, 낭비
동 낭비하다

pollution
[pəlúːʃn] 명 오염, 공해

Write the Words

각 단어가 문장에서 어떻게 쓰이는지 살펴보아요.

➔ 다음 문장을 읽고, 표시된 단어를 따라 쓴 후 2번 더 써 보세요.

1 Wash your hands with soap and water.
비누와 물로 손을 씻어라.

2 I cleaned up the yard with a broom.
나는 빗자루로 마당을 치웠다.

3 All the files were accidentally erased.
모든 파일이 실수로 지워졌다.

4 I love to soak in the bathtub.
나는 욕조에 몸을 담그는 것을 좋아한다.

5 My dad shaves every morning.
우리 아빠는 매일 아침 면도를 하신다.

6 I'll sweep till the floor's all clean.
나는 바닥이 완전히 깨끗해질 때까지 쓸 것이다. 단어 이야기

7 You need to polish your sunglasses.
너는 선글라스를 닦는 게 좋겠다.

8 We recycle papers, glass bottles, and cans.
우리는 종이, 유리병, 캔을 재활용한다.

9 Everything was well organized in his room.
그의 방에는 모든 것이 잘 정돈되어 있었다.

10 She told me to carry hand sanitizer.
그녀는 나에게 손 소독제를 가지고 다니라고 말했다. 문법 엿보기

단어 이야기

만화 영화 <Tangled(라푼젤, 2010)> 속 주인공 라푼젤은 길고 빛나는 마법의 금발머리를 가졌죠. 이를 욕심 낸 마녀 때문에 일생을 높은 탑에 갇혀 혼자 살게 되면서 그녀의 하루 일과는 매일 똑같습니다. 아침은 늘 chores(집안 일)로 시작하죠. sweep(쓸고), polish and wax(광내고), laundry(빨래하고), mop and shine up(걸레질하고 닦고) 하고 이를 또 다시 반복하죠. 이중 sweep만 따로 떼어 문장으로 하면 이렇게 된답니다. **"I'll sweep till the floor's all clean."**

➔ 다음 문장을 읽고, 표시된 단어를 따라 쓴 후 2번 더 써 보세요.

1 I put the dirty tissues in the trash can.
나는 더러운 화장지를 쓰레기통에 넣었다.

2 You've got some dirt on your face.
너 얼굴에 뭐 묻었다.

3 There's mud all over the floor.
바닥이 온통 진흙 투성이다.

4 Tomato ketchup stained my shirt.
토마토 케첩이 내 셔츠에 얼룩을 남겼다.

5 My old socks are very dirty and stinky.
내 오래된 양말은 매우 더럽고 냄새가 난다.

6 Don't make a mess in the kitchen.
부엌을 어지르지 말아라.

7 One rotten apple spoils the barrel.
썩은 사과 한 개가 한 통을 전부 망친다. (속담: 미꾸라지 한 마리가 온 웅덩이를 흐린다.)

8 Garbage is burned or buried in landfills.
쓰레기는 태워지거나 매립지에 묻힌다.

9 The waste paper is sent for recycling.
폐지는 재활용을 위해 보내진다.

10 Water pollution endangers marine life.
수질 오염은 해양 생물에 위협이 된다.

문법 엿보기 tell *A B*

tell, want, ask + 목적어 + to부정사
tell이나 want, ask 등의 동사는 목적어 다음에 오는 목적격 보어 자리에 to부정사를 필요로 해요. …**에게 ~할 것을 말하다/원하다/부탁하다**라는 뜻으로 해석이 되고요. 쉽게 설명하면 tell *A B*는 *A*에게 *B* 하라고 말하는 것이고, 이때 *B*는 to부정사가 되어야 한다는 것이죠.

Check the Words

A 다음 중 철자가 올바른 단어에 동그라미하고, 우리말 뜻을 써 보세요.

1 recycle / recicle
재활용하다

2 sanitaiser / sanitizer

3 stein / stain

4 trash / tresh

B 철자가 잘못된 단어를 골라 빙고 3줄을 완성하고, 아래 올바른 단어와 뜻을 써 보세요.
(단어의 순서는 상관없이 쓰세요.)

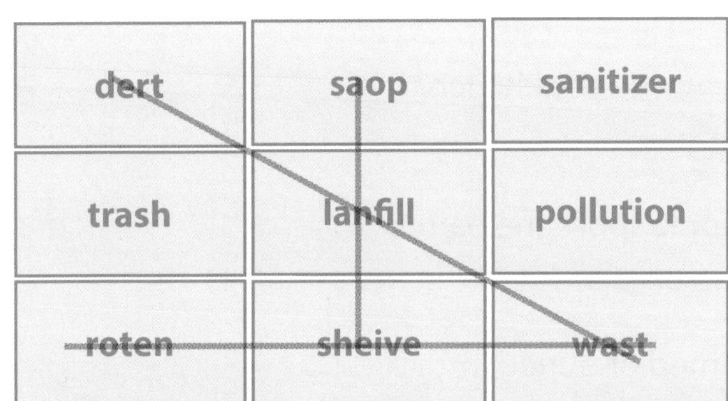

	올바른 단어	우리말 뜻
1	dirt	먼지, 때, 흙
2		
3		
4		
5		
6		

C 주어진 뜻과 일치하는 영단어를 찾아 연결해 보세요.

1 **soft wet earth** • —— • ⓐ mud

2 **dirty or not neat** • • ⓑ erase

3 **to make something shiny** • • ⓒ polish

4 **to remove something** • • ⓓ mess

D 우리말 뜻에 맞는 영단어를 써 넣어 문장을 완성해 보세요. (문장의 첫 글자나 고유명사의 첫 글자는 대문자로 쓰세요.)

1 My old socks are very dirty and ____stinky____.
냄새나는

2 I love to ________ in the ________.
물에 담그다 / 욕조

3 I'll ________ till the floor's all clean.
쓸다

4 Water ________ endangers marine life.
공해, 오염

5 I cleaned up the yard with a ________.
빗자루

6 Everything was well ________ in his room.
잘 정리된

MP3-094

build [bild] 동 짓다

Unit 02

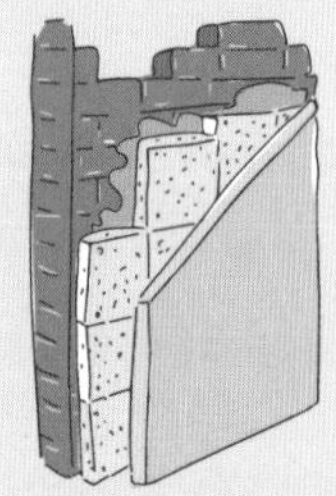

wall
[wɔːl] 명 담, 벽

bridge
[bridʒ] 명 다리

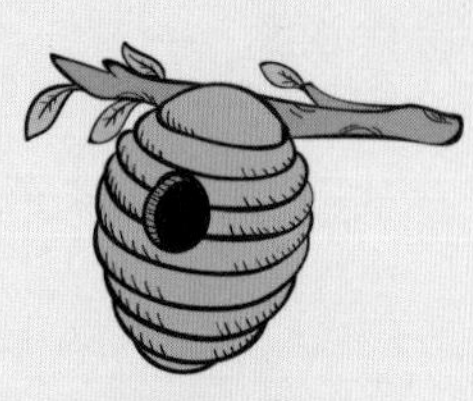

hive
[haiv] 명 벌집, 벌떼, 북새통을 이루는 곳

factory
[fǽktəri] 명 공장

tool
[tuːl] 명 연장, 도구

gather
[gǽðər] 동 모으다

pyramid
[pírəmid] 명 (고대 이집트의) 피라미드, 피라미드형의 물건

architect
[ɑ́ːrkitekt] 명 건축가

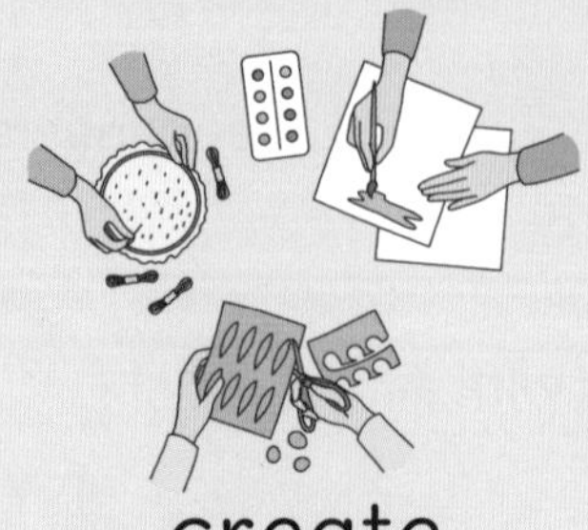

create
[kriéit] 동 창조하다, 창작하다

construct
[kənstrʌ́kt] 동 건설하다, 구성하다

[distrɔ́i] 동 파괴하다 destroy

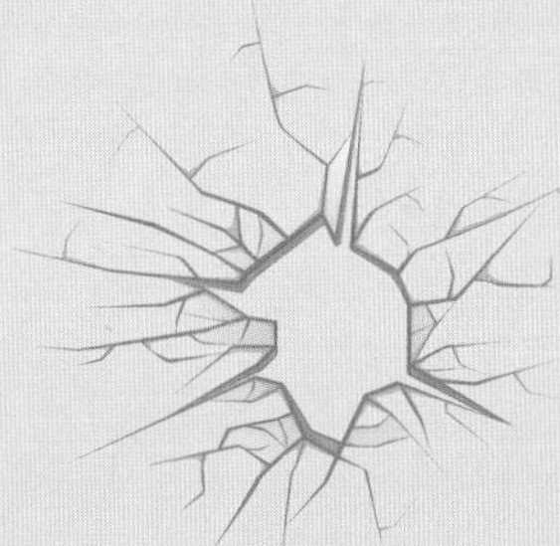

break
[breik] 동 깨다, 깨지다, 고장내다, 고장나다
명 쉬는 시간

burn
[bəːrn] 동 불에 타다, 타오르다
명 화상

crack
[kræk] 명 금, 균열
동 금이 가다, 갈라지다, 부서지다

ruin
[rúːin] 동 망치다, 파멸시키다
명 붕괴, 몰락, 파멸

typhoon
[taifúːn] 명 태풍

disaster
[dizǽstər] 명 재난, 재해, 재앙

explode
[iksplóud] 동 터지다, 폭발하다

damage
[dǽmidʒ] 명 손상, 피해
동 피해를 입히다

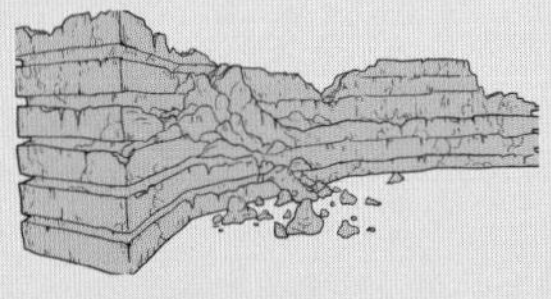

debris
[dəbríː] 명 (파괴된 후의) 잔해, 쓰레기

collapse
[kəlǽps] 동 붕괴되다, 무너지다
명 실패, 붕괴

Write the Words

각 단어가 문장에서 어떻게 쓰이는지 살펴보아요.

➔ 다음 문장을 읽고, 표시된 단어를 따라 쓴 후 2번 더 써 보세요.

1 The Great Wall of China is very famous.
중국의 만리장성은 매우 유명하다.

2 The city is building a new bridge across the river.
도시는 강을 가로지르는 새 다리를 건설하고 있다.

3 The queen bee keeps the hive strong.
여왕벌이 벌집을 튼튼하게 유지시키고 있다.

4 Charlie works in a chocolate factory.
찰리는 초콜릿 공장에서 일한다.

5 A bad workman always blames his tools.
실력 없는 일꾼은 항상 자신의 연장 탓을 한다. (속담: 서툰 목수가 연장 탓한다.)

6 Birds gather twigs and straws to build a nest.
새들은 둥지를 짓기 위해 잔가지와 지푸라기를 모은다.

7 My dream is to create a wonderful city.
내 꿈은 멋진 도시를 만드는 것이다. 문법 엿보기

8 Who is the architect who built that church?
저 교회를 지은 건축가는 누구입니까?

9 Many pyramids in Egypt were used as tombs.
이집트의 많은 피라미드들은 무덤으로 사용되었다.

10 They plan to construct a new house.
그들은 새 집을 지을 계획이다.

단어 이야기

영화 <Jurassic World: Dominion(쥬라기 월드: 도미니언, 2022)>에는 인간의 욕심이 만들어낸 유전자 조작 메뚜기가 등장합니다. 크기가 돼지보다도 크고 잘 죽지도 않으며 떼로 다니면서 닥치는 대로 작물들을 먹어 치우는 무시무시한 존재죠. 방치했다가는 동물들의 사료가 되는 곡식들이 사라져 먹이사슬의 시작 부분이 없어지고, 결국에는 먹이사슬 전체가 붕괴되어 버리는 결과를 가져올 상황이었죠. **"The entire food chain would collapse."**

➔ 다음 문장을 읽고, 표시된 단어를 따라 쓴 후 2번 더 써 보세요.

1 I saw him break the window.
나는 그가 창문을 깨는 것을 보았다.

2 The villain burned the city to ash.
악당은 도시를 불태워 잿더미로 만들었다.

3 The wall was cracked by the accident.
그 벽은 사고로 인해 금이 갔다.

4 The war ruined the whole city.
전쟁은 온 도시를 폐허로 만들었다.

5 A strong typhoon hit Jeju last month.
강력한 태풍이 지난달 제주를 강타했다.

6 A thousand people died in the disaster.
천여 명의 사람들이 그 재해로 죽었다.

7 The earthquake caused damage to many houses.
그 지진은 많은 집에 손상을 입혔다.

8 The roads are full of debris from the car crash.
도로는 자동차 사고의 잔해들로 가득하다.

9 The tower exploded in flames.
타워가 화염 속에 폭발했다.

10 The entire food chain would collapse.
먹이사슬 전체가 붕괴되어 버릴 것이다. 단어 이야기

문법 엿보기 to부정사

to부정사의 명사적 용법

to부정사(to + 동사원형)가 명사의 역할을 할 때는 **~하는 것**으로 해석이 돼요. 즉, **명사적 용법**이 되겠죠. 이렇게 명사적 용법으로 쓰이는 to부정사는 문장의 맨 앞에서 주어가 되기도 하고, '*A*는 *B*이다'와 같은 형식의 문장에서 *B*에 해당하는 보어가 되기도 하며, 목적어 역할을 하기도 한답니다.

Check the Words

A 다음 중 철자가 올바른 단어에 동그라미하고, 우리말 뜻을 써 보세요.

1 **factory / fectory**

2 **gether / gather**

3 **architect / arcitect**

4 **disaster / disastor**

B 철자가 잘못된 단어를 골라 빙고 3줄을 완성하고, 아래 올바른 단어와 뜻을 써 보세요.
(단어의 순서는 상관없이 쓰세요.)

explod	brake	brige
damage	piramid	collapse
haive	typoon	disaster

	올바른 단어	우리말 뜻
1		
2		
3		
4		
5		
6		

C 주어진 뜻과 일치하는 영단어를 찾아 연결해 보세요.

1 **to make something new** • • ⓐ crack

2 **to break apart** • • ⓑ create

3 **to build something** • • ⓒ burn

4 **to be destroyed by fire** • • ⓓ construct

D 우리말 뜻에 맞는 영단어를 써 넣어 문장을 완성해 보세요. (문장의 첫 글자나 고유명사의 첫 글자는 대문자로 쓰세요.)

1 The Great ____________ of China is very famous.
담, 벽

2 Charlie works in a chocolate ____________.
공장

3 The earthquake caused ____________ to many houses.
손상, 피해

4 The roads are full of ____________ from the car crash.
잔해, 쓰레기

5 The entire food chain would ____________.
붕괴되다

6 A bad workman always blames his ____________.
연장, 도구 (복수형)

up [ʌp] 부 위로

kite
[kait] 명 연

rocket
[rάkit] 명 로켓
동 치솟다

climb
[klaim] 동 오르다
명 등산

summit
[sʌmit] 명 (산의) 정상, 정점

roof
[ruːf] 명 지붕
동 지붕을 씌우다

lift
[lift] 동 (위로) 들어 올리다

fountain
[fáuntn] 명 분수, 원천,
분수처럼 뿜어져 나오는 것

leap
[liːp] 동 뛰다, 뛰어오르다
명 높이뛰기, 급등

sunrise
[sʌ́nraiz] 명 일출

satellite
[sǽtəlait] 명 인공위성, 위성

[daun] 부 아래로 down

bottom
[bɑ́təm] 명 맨 아래, 바닥

dig
[dig] 동 (구멍을) 파다

spill
[spil] 동 쏟아지다, 흐르다, 쏟다

sink
[siŋk] 동 가라앉다, 침몰시키다
명 싱크대

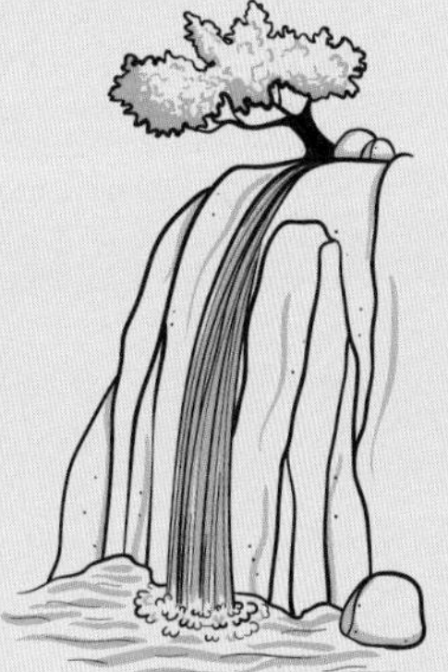

waterfall
[wɔ́tərfɔːl] 명 폭포

sunset
[sʌ́nset] 명 저녁 노을, 석양

mole
[moul] 명 두더지, 점

dive
[daiv] 동 잠수하다, 뛰어들다
명 잠수

pour
[pɔːr] 동 붓다, 따르다

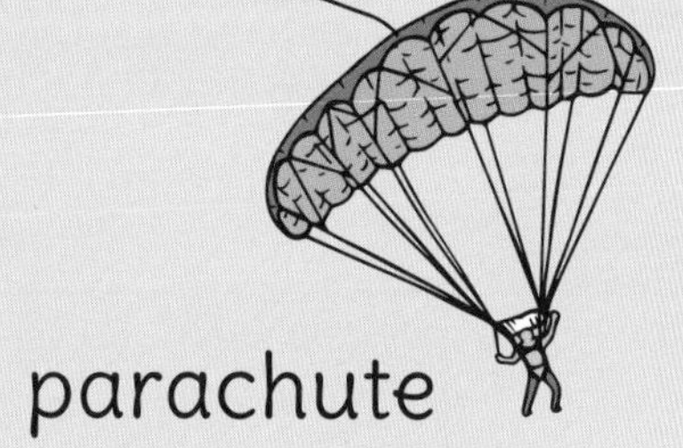

parachute
[pǽrəʃuːt] 명 낙하산
동 낙하산을 타고 뛰어내리다

Write the Words

각 단어가 문장에서 어떻게 쓰이는지 살펴보아요.

➔ 다음 문장을 읽고, 표시된 단어를 따라 쓴 후 2번 더 써 보세요.

1 The children are flying kites in the park.
아이들은 공원에서 연을 날리고 있다.

2 Rocket Nuri can explore the solar system.
로켓 누리호는 태양계를 탐사할 수 있다.

3 He that would eat the fruit must climb the tree.
과일을 먹으려는 자는 나무에 올라가야 한다. (속담: 목마른 사람이 우물을 판다.)

4 They will reach the summit of Mount Everest.
그들은 에베레스트산 정상에 도달할 것이다.

5 The roof collapsed during the storm.
폭풍우가 치는 동안 지붕이 무너졌다.

6 The timber was lifted by a tractor.
목재는 트랙터에 의해 들어 올려졌다.

7 The whale leapt out of the water.
고래가 물 밖으로 뛰어올랐다.

8 We woke up early to see the sunrise.
우리는 일출을 보기 위해 일찍 일어났다.

9 Water rises from the fountain suddenly.
분수에서 갑자기 물이 솟아오른다.

10 Scientists sent a satellite into space.
과학자들은 인공위성을 우주로 보냈다.

단어 이야기

동화책 『The Little Prince(어린 왕자, 1943)』에는 유명한 대사가 참 많이 나옵니다. 6장 Sunset 편에는 석양에 대해 이야기하는 장면이 나오는데요, 어린 왕자는 석양 보는 것을 참 좋아한다고 말하죠. **"I am very fond of sunsets. One day, I saw the sunset forty-four times!**(어떤 날에는 하루에 마흔 네 번이나 해가 지는 것을 봤어.)**"** 어린 왕자의 별은 아주 작아서 의자를 조금씩 움직이기만 하면 계속해서 석양을 볼 수 있으니까요.

MP3-**099**

➔ 다음 문장을 읽고, 표시된 단어를 따라 쓴 후 2번 더 써 보세요.

1 The Titanic lies at the bottom of the ocean.
타이타닉호는 바다 밑바닥에 누워 있다.

2 They had to dig down to find the treasure.
그들은 보물을 발견하기 위해 땅을 파 내려가야 했다.

3 She spilled all the milk down her skirt.
그녀는 치마에 우유를 다 쏟았다.

4 His toy sank to the bottom of the pool.
그의 장난감은 수영장 바닥으로 가라앉았다.

5 I wish I could have a picnic by the waterfall.
나는 폭포 옆으로 소풍 가면 좋겠다. 문법 엿보기

6 I am very fond of sunsets.
나는 저녁 노을을 매우 좋아한다. 단어 이야기

7 The children like to dive into the pool.
아이들은 수영장에 뛰어드는 것을 좋아한다.

8 The sweat was pouring down my cheeks.
내 뺨 위로 땀이 비 오듯 흘러내렸다.

9 Moles live in underground tunnels.
두더지는 지하 땅굴에 산다.

10 The pilot jumped down with his parachute.
조종사는 낙하산을 메고 뛰어내렸다.

문법 엿보기 가정법 과거

I wish I could + **동사원형**
가정법 과거로 **내가 ~하면 좋겠어**라고 해석할 수 있어요. 가정법이라는 이름에서 알 수 있듯이 이 구문은 이루어지기 어려운 일에 대한 희망을 나타낸다고 할 수 있지요. 따라서 문장을 말하는 사람은 이미 폭포 옆에서 피크닉을 한다는 것이 어렵다는 것을 알고 있는 셈이에요.

Check the Words

A 다음 중 철자가 올바른 단어에 동그라미하고, 우리말 뜻을 써 보세요.

1 **satellite / satelite**

2 **puor / pour**

3 **battom / bottom**

4 **cink / sink**

B 철자가 잘못된 단어를 골라 빙고 3줄을 완성하고, 아래 올바른 단어와 뜻을 써 보세요.
(단어의 순서는 상관없이 쓰세요.)

leap	roket	suraise
summit	parachutte	waterfall
spil	fountin	sunsat

	올바른 단어	우리말 뜻
1		
2		
3		
4		
5		
6		

C 주어진 뜻과 일치하는 영단어를 찾아 연결해 보세요.

1	**to go up**	•	• ⓐ dive
2	**the highest point of a mountain**	•	• ⓑ leap
3	**to jump into water**	•	• ⓒ climb
4	**to make a large jump**	•	• ⓓ summit

D 우리말 뜻에 맞는 영단어를 써 넣어 문장을 완성해 보세요. (문장의 첫 글자나 고유명사의 첫 글자는 대문자로 쓰세요.)

1 The children are flying ______________ in the park.
연 (복수형)

2 The ______________ collapsed during the storm.
지붕

3 The timber was ______________ by a tractor.
들어올리다 (과거분사형)

4 They had to ______________ down to find the treasure.
파다

5 I wish I could have a picnic by the ______________.
폭포

6 ______________ live in underground tunnels.
두더지 (복수형)

MP3-**100**

in [in] 전 부 안에, 안으로

Unit 04

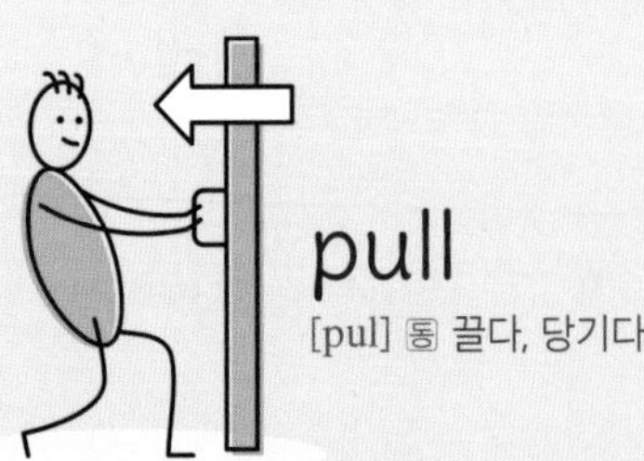

pull

[pul] 동 끌다, 당기다

goal

[goul] 명 골문, 골, 목표

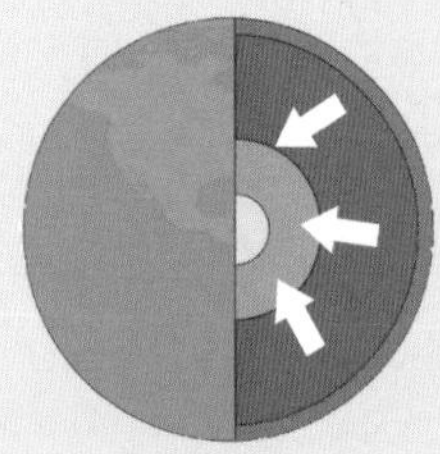

core

[kɔːr] 명 속, 심, 중심부
형 핵심적인

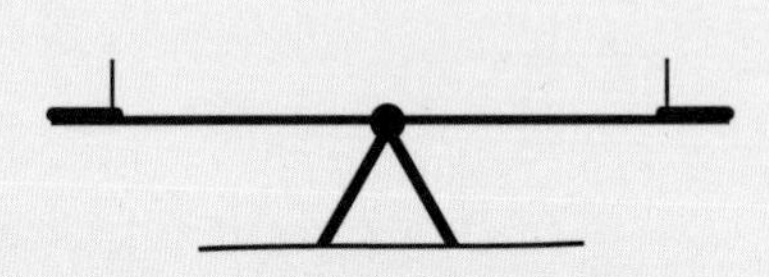

center

[séntər] 명 한 가운데, 중앙
동 (~에) 중심을 두다

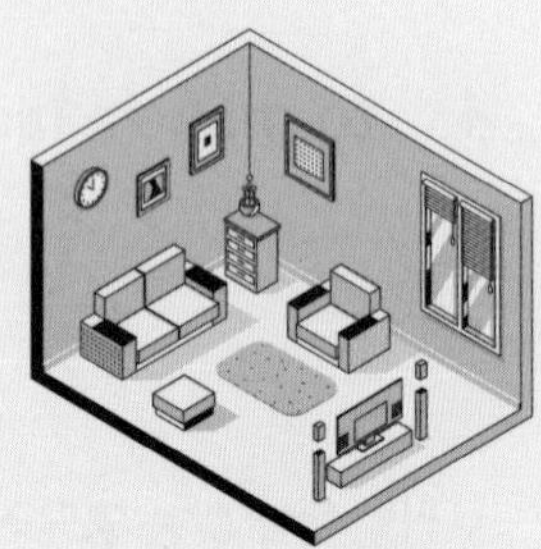

indoor

[índɔr] 형 실내의

import

[impɔ́ːrt] 동 수입하다
[ímpɔːrt] 명 수입품

inside

[ìnsáid] 명 안, 내부 형 안(쪽)의
전 부 안에

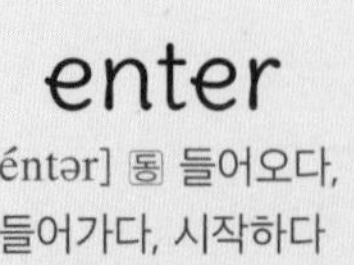

arrive

[əráiv] 동 도착하다

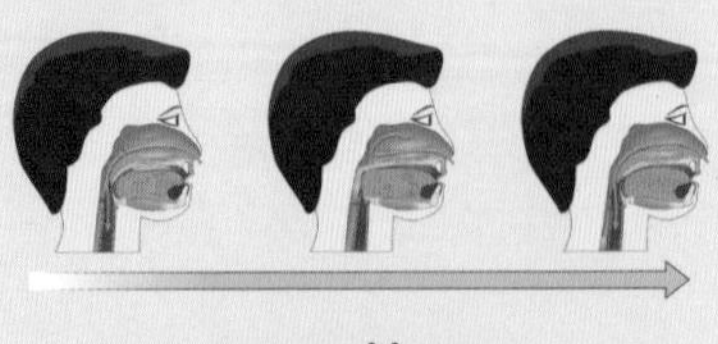

swallow

[swάːlou] 동 삼키다

enter

[éntər] 동 들어오다,
들어가다, 시작하다

[aut] 전 부 밖에, 밖으로 out

push
[puʃ] 동 밀다, 밀치다

exit
[égzit, éksit] 동 나가다
명 출구

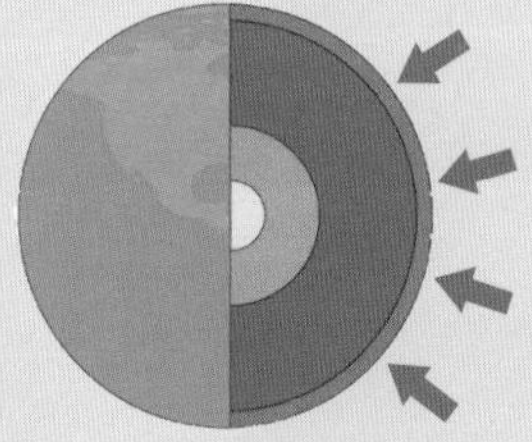

crust
[krʌst] 명 껍질, 윗부분

abroad
[əbrɔ́ːd] 부 해외로, 해외에(서)

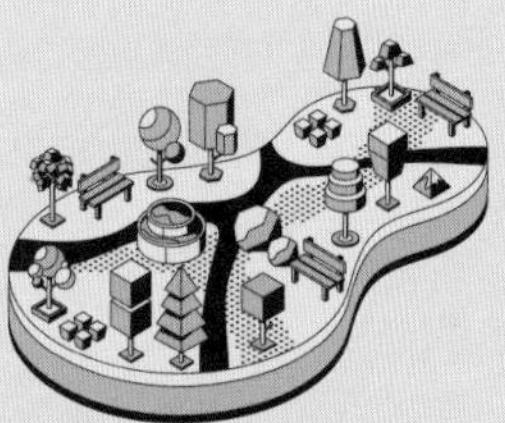

outdoor
[áutdɔr] 형 야외의

export
[ikspɔ́ːrt] 동 수출하다
[ékspɔːrt] 명 수출품

escape
[iskéip] 동 달아나다, 탈출하다
명 탈출, 도피

outside
[autsáid] 명 겉, 바깥쪽 전 부 밖에
[áutsaid] 형 바깥쪽의

spit
[spit] 동 (음식, 침 등을) 뱉다

banish
[bǽniʃ] 동 추방하다,
사라지게 만들다

Write the Words

각 단어가 문장에서 어떻게 쓰이는지 살펴보아요.

➜ 다음 문장을 읽고, 표시된 단어를 따라 쓴 후 2번 더 써 보세요.

1 She tried to pull the door open.
그녀는 문을 당겨서 열려고 했다.

2 He scored the first goal of the season.
그는 시즌 첫 번째 골을 득점했다.

3 The core of the apple was rotten.
사과 속이 썩어 있었다.

4 Earth is not the center of the universe.
지구는 우주의 중심이 아니다.

5 I enjoy indoor sports on rainy days.
나는 비 오는 날에는 실내 스포츠를 즐긴다.

6 We import bananas from several countries.
우리는 몇몇 나라에서 바나나를 수입한다.

7 Love lives on inside our hearts.
사랑은 우리의 마음 속에 산다. 단어 이야기

8 I saw a snake swallow a whole mouse.
나는 뱀이 쥐를 통째로 삼키는 것을 보았다.

9 They will arrive in Seoul tomorrow.
그들은 내일 서울에 도착할 것이다.

10 Please knock before you enter the room.
방에 들어오기 전에 노크를 해 주세요.

단어 이야기

영화 <Beauty and the Beast(미녀와 야수, 2017)>에는 아름다운 주제곡 <How does a moment last forever>가 나옵니다. 찰나의 순간이 영원이 되는 마법은 오직 사랑으로만 이루어진다는 내용이지요. 그리고 그것은 사랑이 우리 마음 속에 살고 있기 때문에 가능합니다. **"Love lives on inside our hearts."** 밖으로 보이는 모습은 변할 수 있지만 마음 속에 있는 것은 변하지 않기 때문 아닐까요?

MP3-**102**

➜ 다음 문장을 읽고, 표시된 단어를 따라 쓴 후 2번 더 써 보세요.

1 Be careful when you push the door open.
문을 밀어서 열 때는 조심하세요.

2 She felt safe when she exited the plane.
그녀는 비행기에서 내리고 나서야 안심했다.

3 The children like pizza with thin crust.
아이들은 가장자리 껍질이 얇은 피자를 좋아한다.

4 I want to study abroad when I grow up.
나는 커서 유학을 가고 싶다.

5 We love outdoor activities like fishing and hiking.
우리는 낚시나 하이킹 같은 야외 활동을 좋아한다.

6 K-pop has been exported all over the world.
K팝은 전 세계에 수출되었다.

7 We went outside to see the sunset.
우리는 저녁 노을을 보기 위해 밖으로 나갔다. 문법 엿보기

8 It was so bitter that I had to spit it out.
그것은 너무 써서 나는 그것을 뱉어내야 했다.

9 The bird escaped from its cage.
그 새는 새장에서 탈출했다.

10 He was banished from his country.
그는 자기 나라에서 추방당했다.

문법 엿보기 to부정사

목적을 나타내는 to부정사

to부정사는 문장 속에서 목적, 원인, 결과 등을 나타내고, 이 중 목적으로 쓰였을 때는 **~하기 위해서**라고 해석돼요. 위의 문장에서처럼 저녁 노을을 **보기 위해서** 밖으로 나갔다면 여기에 해당이 되지요. 이렇게 쓰이는 to부정사의 용법을 부사적 용법이라고 해요.

Check the Words

A 다음 중 철자가 올바른 단어에 동그라미하고, 우리말 뜻을 써 보세요.

1 **swallou / swallow**

2 **escaip / escape**

B 그림을 보고, 주어진 철자로 시작하는 반대말을 찾아 쓰세요.

1 core

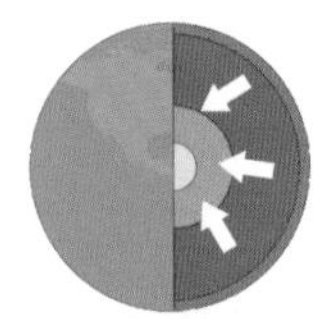

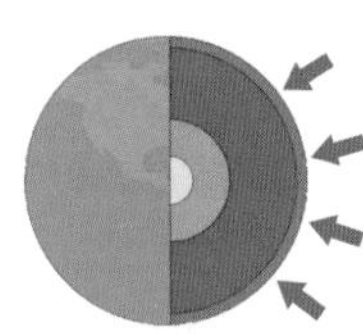

crust

2 i

e

3 i

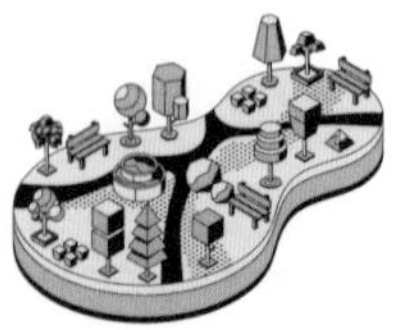

o

4 i

o

C 주어진 뜻과 일치하는 영단어를 찾아 연결해 보세요.

1	**to reach a place** •	• ⓐ enter
2	**to come into a place** •	• ⓑ abroad
3	**in or to a foreign country** •	• ⓒ arrive
4	**to send someone away** •	• ⓓ banish

D 우리말 뜻에 맞는 영단어를 써 넣어 문장을 완성해 보세요. (문장의 첫 글자나 고유명사의 첫 글자는 대문자로 쓰세요.)

1 She tried to ______________________ the door open.
끌다, 당기다

2 He scored the first ______________________ of the season.
골, 목표

3 Earth is not the ______________________ of the universe.
한 가운데, 중앙

4 Be careful when you ______________________ the door open.
밀다, 밀치다

5 She felt safe when she ______________________ the plane.
나가다 (과거형)

6 It was so bitter that I had to ______________________ it out.
(음식 등을) 뱉다

same [seim] 형 같은

twin [twin] 명 쌍둥이 (중의 한 명)

uniform [júːnifɔːrm] 명 제복, 교복, 유니폼 형 획일적인

copy [kάːpi] 명 복사(본) 동 복사하다, 베끼다

mirror [mírə(r)] 명 거울 동 (모습을) 비추다

clone [kloun] 명 클론, 복제, 복제품 동 복제하다

selfie [sélfi] 명 셀카

identical [aidéntikəl] 형 동일한

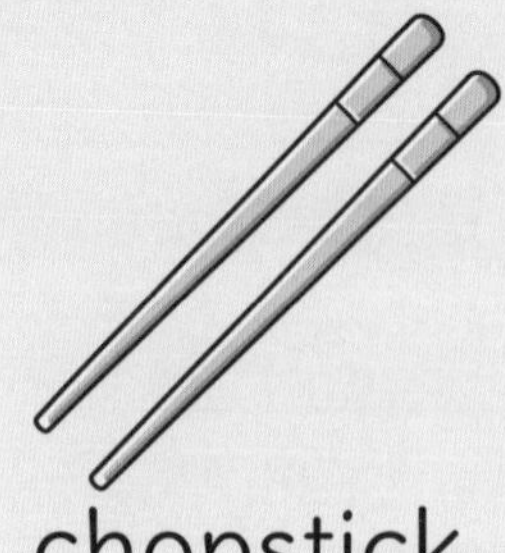

chopstick [tʃάːpstik] 명 젓가락 (한 짝)

mimic [mímik] 동 흉내 내다, 모방하다

photograph [fóutəgræf] 명 사진 동 사진을 찍다

[dífərənt] 형 다른 different

contrast
[ká:ntræst] 명 차이, 대조, 대비
[ka:ntrǽst] 동 대조하다

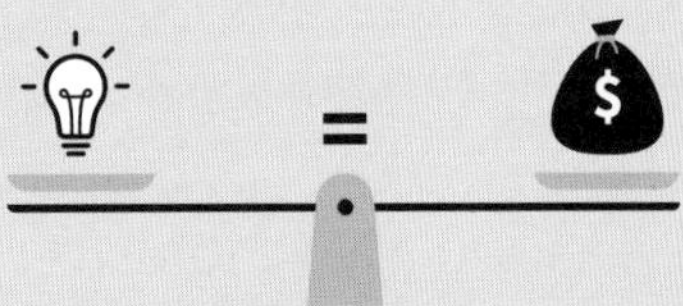

compare
[kəmpέər] 동 비교하다, 비유하다

various
[véəriəs] 형 여러 가지의, 다양한

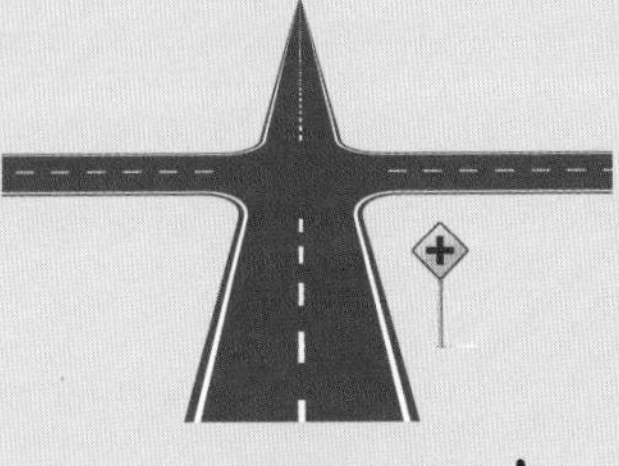

crossroad
[krɔ́:sroud] 명 교차로, 네거리, (선택의) 기로

style
[stail] 명 방식, 스타일

race
[reis] 명 인종, 경주, 경쟁

opinion
[əpínjən] 명 의견, 생각

culture
[kʌ́ltʃər] 명 문화

character
[kǽriktər] 명 성격, 특징, 등장인물

flavor
[fléivər] 명 맛, 조미료
동 (음식에) 맛을 내다

Write the Words

각 단어가 문장에서 어떻게 쓰이는지 살펴보아요.

➔ 다음 문장을 읽고, 표시된 단어를 따라 쓴 후 2번 더 써 보세요.

1 You're lucky your guy had a twin brother.
당신네 사람에게 쌍둥이 형제가 있었다는 건 행운이다. 단어 이야기

2 I was wearing my school uniform.
나는 우리 학교 교복을 입고 있었다.

3 I will copy and paste the pictures.
나는 그림을 복사해서 붙여 넣을 것이다.

4 The mountain was mirrored in the lake.
그 산이 호수에 비쳤다.

5 The scientists tried to clone animals.
과학자들은 동물을 복제하려고 노력했다.

6 I took a selfie with the Pyramid of Egypt.
나는 이집트 피라미드 배경으로 셀카를 찍었다.

7 The twins were wearing identical sweaters.
쌍둥이들은 똑같은 스웨터를 입고 있었다.

8 Some monkeys can mimic human behaviors.
어떤 원숭이들은 사람의 행동을 흉내 낼 수 있다.

9 Using chopsticks may be difficult for little kids.
젓가락을 사용하는 것은 어린 아이들에게는 어려울 수 있다.

10 A photograph can bring back happy moments.
사진은 행복한 순간들을 떠오르게 한다.

단어 이야기

영화 <Avatar(아바타, 2009)>의 주인공 제이크는 쌍둥이 형을 대신하여 아바타 프로그램에 참여하게 됩니다. 실험에 완벽히 준비된 형 대신 아무것도 모르는 제이크가 오자 그레이스 박사는 불만을 토로하죠. 그나마 쌍둥이 형제가 있는 걸 다행으로 알라며 담당자는 한마디 합니다. 영화 속 원문은 **"Lucky your guy had a twin brother."**이지만 학습의 편의를 위해 생략된 부분(You're)을 보완했어요.

➔ 다음 문장을 읽고, 표시된 단어를 따라 쓴 후 2번 더 써 보세요.

1 There is a contrast between the city and the country.
도시와 시골 간에는 차이가 있다.

2 Your powers are weak compared to mine.
너의 힘은 내 힘에 비하면 약하다.

3 Buttons come in various shapes and sizes.
단추들이 여러 가지 모양과 크기로 나온다.

4 I decided which way to go at the crossroad.
나는 교차로에서 어느 길로 가야 할지 결정했다.

5 Everyone has a different fashion style.
모든 사람은 각자 다른 패션 스타일을 가지고 있다.

6 People of all races should be treated equally.
모든 인종의 사람들은 동등한 대우를 받아야 한다.

7 It's important to respect different cultures.
다른 문화들을 존중하는 것은 중요하다.

8 Every sport has a different character.
모든 스포츠는 각기 다른 특징을 가지고 있다. 문법 엿보기

9 My opinion is not like yours.
내 의견은 너와 다르다.

10 What flavor of ice cream do you like the most?
당신은 어떤 맛의 아이스크림을 가장 좋아하나요?

문법 엿보기 every

every + 단수 명사 + 단수 동사

every는 **모든**이라는 뜻을 갖고 있기 때문에 얼핏 복수 명사를 꾸미고 동사도 복수형으로 써야 할 것 같지만 의외로 명사의 단수형, 그리고 동사의 단수형을 데리고 다닌답니다. every children이 아니라 **every child**라고 두 단어만 외워 두면 굳이 복잡하게 문법 내용을 떠올리지 않아도 되겠죠?

Check the Words

A 다음 중 철자가 올바른 단어에 동그라미하고, 우리말 뜻을 써 보세요.

1 **selfie / selfe**

2 **charactor / character**

3 **race / rase**

4 **mirrer / mirror**

B 철자가 잘못된 단어를 골라 빙고 3줄을 완성하고, 아래 올바른 단어와 뜻을 써 보세요.
(단어의 순서는 상관없이 쓰세요.)

uniform	identical	capy
culture	crosroad	chapstick
photograh	clon	compair

	올바른 단어	우리말 뜻
1		
2		
3		
4		
5		
6		

C 주어진 뜻과 일치하는 영단어를 찾아 연결해 보세요.

1	**many different**	•	• ⓐ style
2	**a way of doing something**	•	• ⓑ various
3	**a thought about something**	•	• ⓒ flavor
4	**how food tastes**	•	• ⓓ opinion

D 우리말 뜻에 맞는 영단어를 써 넣어 문장을 완성해 보세요. (문장의 첫 글자나 고유명사의 첫 글자는 대문자로 쓰세요.)

1 I was wearing my school ________________.
교복, 유니폼

2 You're lucky your guy had a ________________ brother.
쌍둥이

3 Some monkeys can ________________ human behaviors.
흉내 내다

4 There is a ________________ between the city and the country.
차이, 대조

5 It's important to respect different ________________.
문화 (복수형)

6 The twins were wearing ________________ sweaters.
동일한

Word Check List

➔ 아는 단어 앞에 √ 표시를 해 보세요. 기억나지 않는 단어는 다시 확인해 암기하세요.

√	단어	√	단어	√	단어
	clean		build		up
	soap		wall		kite
	broom		bridge		rocket
	erase		hive		climb
	bathtub		factory		summit
	shave		tool		roof
	sweep		gather		lift
	polish		create		leap
	recycle		architect		sunrise
	organized		pyramid		fountain
	sanitizer		construct		satellite
	dirty		destroy		down
	trash		break		bottom
	dirt		burn		dig
	mud		crack		spill
	stain		ruin		sink
	stinky		typhoon		waterfall
	mess		disaster		sunset
	rotten		damage		dive
	landfill		debris		pour
	waste		explode		mole
	pollution		collapse		parachute

√	단어	√	단어
	in		same
	pull		twin
	goal		uniform
	core		copy
	center		mirror
	indoor		clone
	import		selfie
	inside		identical
	swallow		mimic
	arrive		chopstick
	enter		photograph
	out		different
	push		contrast
	exit		compare
	crust		various
	abroad		crossroad
	outdoor		style
	export		race
	outside		culture
	spit		character
	escape		opinion
	banish		flavor

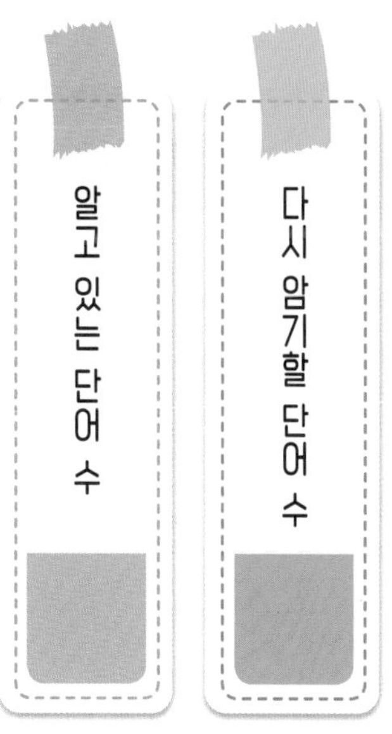

future [fjúːtʃər] 명 미래

hope
[houp] 명 희망, 소망, 기대
동 희망을 가지다, 바라다

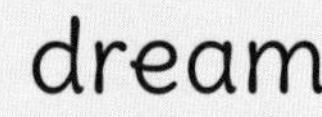

dream
[driːm] 명 꿈
동 상상하다, 꿈을 꾸다

schedule
[skédʒuːl] 명 일정, 스케줄
동 일정을 잡다, 예정하다

vision
[víʒn] 명 전망, 시야

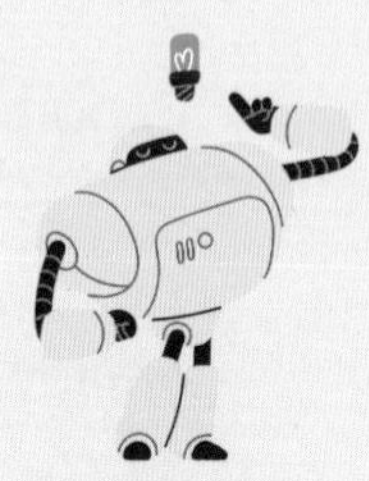

robot
[róubaːt] 명 로봇, 인조인간

expect
[ikspékt] 동 예상하다, 기대하다

imagine
[imǽdʒin] 동 상상하다

predict
[pridíkt] 동 예측하다

innovation
[ìnəvéiʃn] 명 혁신, 쇄신

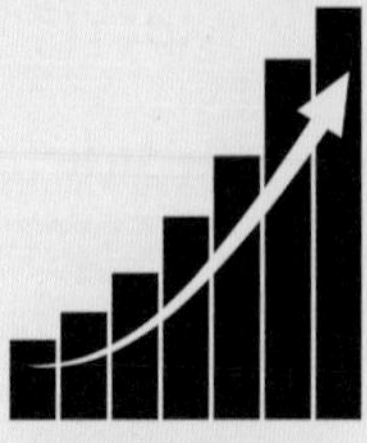

develop
[divéləp] 동 발달하다, 성장하다, 개발하다

MP3-**107**

past

[pæst] 명 과거

yesterday

[jéstərdei] 명부 어제, 과거

history

[hístəri] 명 역사

legend

[lédʒənd] 명 전설

knight

[nait] 명 (중세의) 기사

tradition

[trədíʃn] 명 전통

dynasty

[dáinəsti] 명 왕조, 시대

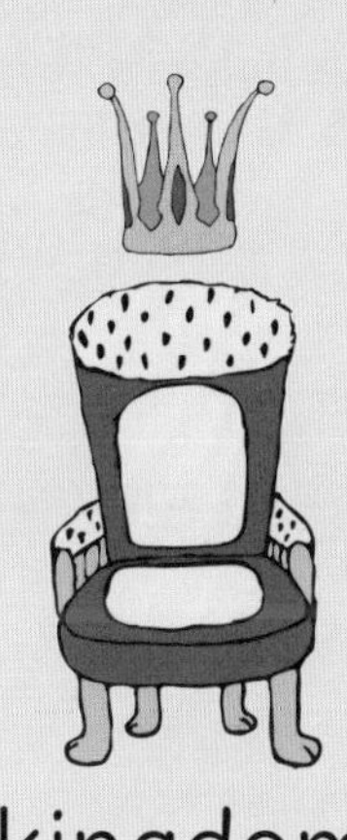

kingdom

[kíŋdəm] 명 왕국

ancient

[éinʃənt] 형 고대의

experience

[ikspíəriəns] 명 경험

동 경험하다

museum

[mju:zí:əm] 명 박물관

Write the Words

각 단어가 문장에서 어떻게 쓰이는지 살펴보아요.

➔ 다음 문장을 읽고, 표시된 단어를 따라 쓴 후 2번 더 써 보세요.

1 I hope everything goes well with you.
나는 너의 일이 모두 잘 되기를 바란다.

2 My dream is to be a famous architect.
내 꿈은 유명한 건축가가 되는 것이다.

3 I have a very busy schedule.
나는 일정이 아주 바쁘다.

4 He is a leader with clear vision.
그는 명확한 선견지명이 있는 지도자이다.

5 We could see more robots in the near future.
우리는 가까운 미래에 더 많은 로봇을 보게 될 수 있다.

6 People are expecting more convenient living.
사람들은 더 편리한 삶을 기대하고 있다.

7 I imagine a future where we all live in peace.
나는 우리 모두가 평화롭게 사는 미래를 상상한다. 문법 엿보기

8 We need innovation to survive in the future.
우리는 미래에서 살아남기 위해 혁신이 필요하다.

9 Scientists predict the extinction of some insects.
과학자들은 몇몇 곤충들의 멸종을 예측한다.

10 We need to develop space technology.
우리는 우주 과학기술을 발전시켜야 한다.

단어 이야기

옛날 중국을 배경으로 한 만화 영화 <Mulan(뮬란, 1998)>에서 주인공 뮬란은 아픈 아버지를 대신해 몰래 남장을 하고 전쟁에 참가하지만 여자라는 것이 밝혀지며 쫓겨나는 신세가 되고 말죠. 하지만 뮬란은 결국 위기에 빠진 나라를 구하고 최고의 찬사를 받습니다. **"She has saved the dynasty. The entire kingdom is in her debt.**(그녀가 왕조를 구했어. 왕국 전체가 그녀에게 빚을 진 거야.)**"**

MP3-108

➔ 다음 문장을 읽고, 표시된 단어를 따라 쓴 후 2번 더 써 보세요.

1 Do you know what happened yesterday?
어제 무슨 일이 있었는지 아나요?

2 It was the worst disaster in history.
그것은 역사상 최악의 재난이었다.

3 I love the heroes of myth and legend.
나는 신화와 전설 속의 영웅들을 많이 좋아한다.

4 The brave knights rode towards the castle.
용감한 기사들은 성을 향해 달렸다.

5 He doesn't want to follow his family tradition.
그는 자기 집안의 전통을 따르고 싶어하지 않는다.

6 That is a palace from the Joseon Dynasty.
그것은 조선 왕조의 궁궐이다.

7 We saw the ruins of an ancient temple.
우리는 고대 사원의 잔해를 보았다.

8 Experience is the father of wisdom.
경험은 지혜의 아버지이다. (속담: 지혜는 다양한 경험을 통해 얻어진다.)

9 The entire kingdom is in her debt.
왕국 전체가 그녀에게 빚을 졌다. 단어 이야기

10 We went on a field trip to the museum.
우리는 박물관으로 체험 학습을 갔다.

문법 엿보기 관계부사 where

시간이나 장소에 관한 정보를 줄 때, when이나 where를 써요. 앞에 시간을 나타내는 단어가 오면 when을 사용해서 설명하고, 장소를 나타내는 단어가 올 때는 where를 쓰는 것이죠. 문장에서는 '미래'라는 시간에 관한 단어가 쓰였지만 여기에서는 '공간적인 의미'에 가깝게 쓰였기 때문에 **where**를 사용한 거예요.

Check the Words

A 다음 중 철자가 올바른 단어에 동그라미하고, 우리말 뜻을 써 보세요.

1 **experience / expirience**

2 **ancient / acient**

3 **imagin / imagine**

4 **vision / viscion**

B 철자가 잘못된 단어를 골라 빙고 3줄을 완성하고, 아래 올바른 단어와 뜻을 써 보세요.
(단어의 순서는 상관없이 쓰세요.)

inovation	knigt	tredition
dynesty	develope	predict
musium	legend	kingdom

	올바른 단어	우리말 뜻
1		
2		
3		
4		
5		
6		

C 주어진 뜻과 일치하는 영단어를 찾아 연결해 보세요.

1	**a list of things to be done**	• •	ⓐ yesterday
2	**to think something will happen**	• •	ⓑ schedule
3	**on the day before today**	• •	ⓒ kingdom
4	**a country ruled by a king**	• •	ⓓ expect

D 우리말 뜻에 맞는 영단어를 써 넣어 문장을 완성해 보세요. (문장의 첫 글자나 고유명사의 첫 글자는 대문자로 쓰세요.)

1 I ______________ everything goes well with you.
희망하다

2 My ______________ is to be a famous architect.
꿈

3 We could see more ______________ in the near future.
로봇 (복수형)

4 Scientists ______________ the extinction of some insects.
예측하다

5 It was the worst disaster in ______________.
역사

6 I love the heroes of myth and ______________.
전설

MP3-**109**

sick [sik] 형 아픈

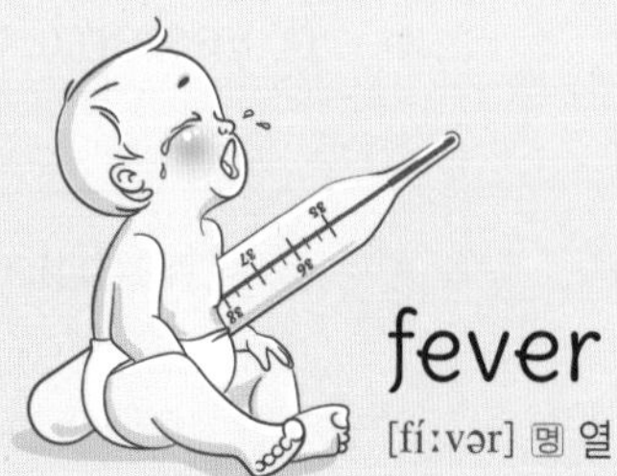

fever
[fíːvər] 명 열

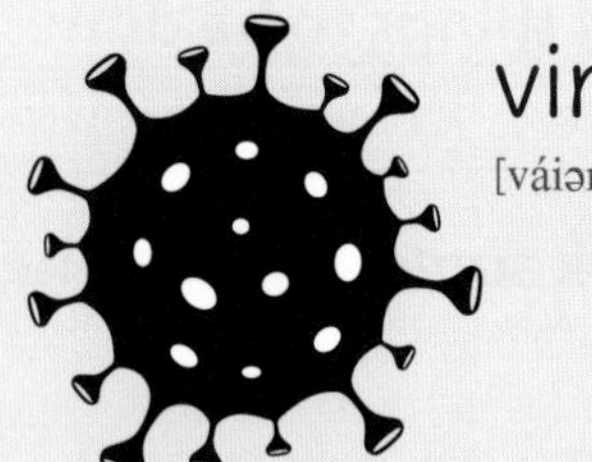

virus
[váiərəs] 명 바이러스

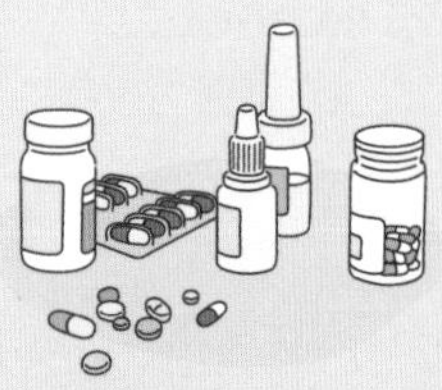

medicine
[médɪsn] 명 약, 의학

wound
[wuːnd] 명 부상, 상처
동 상처를 입히다

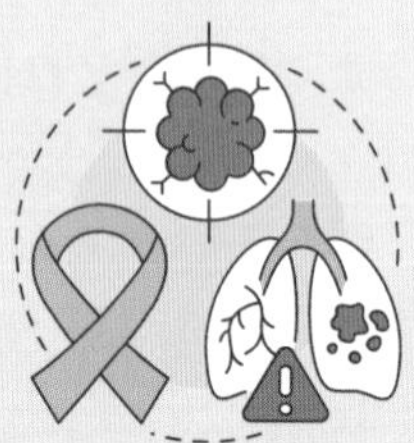

cancer
[kǽnsər] 명 암

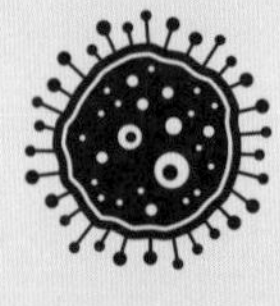

disease
[dizíːz] 명 질병

infect
[infékt] 동 감염시키다

dentist
[déntist] 명 치과 의사

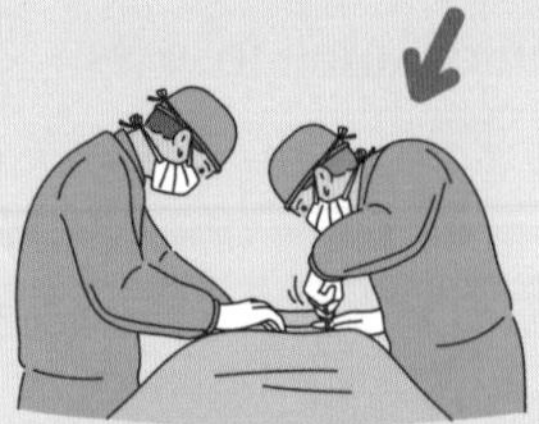

surgeon
[sə́ːrdʒən] 명 외과 의사

operation
[ɑːpəréiʃn] 명 수술, 작전

[hélθi] 형 건강한 healthy

vegetable
[védʒtəbl] 명 채소

organic
[ɔːrgǽnik] 형 유기농의

protein
[próutiːn] 명 단백질

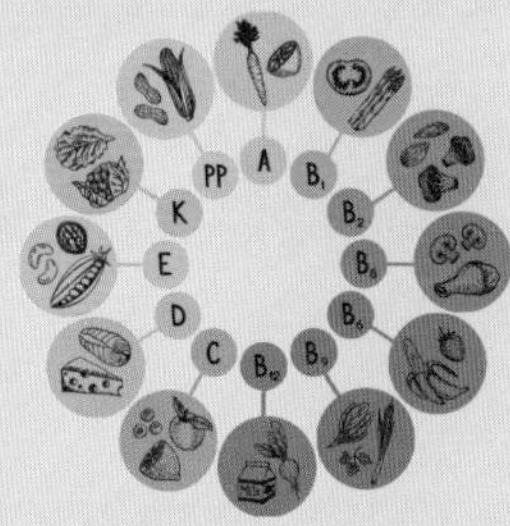

vitamin
[váitəmin] 명 비타민

immune
[imjúːn] 형 면역의, 면역성이 있는, 면역이 된

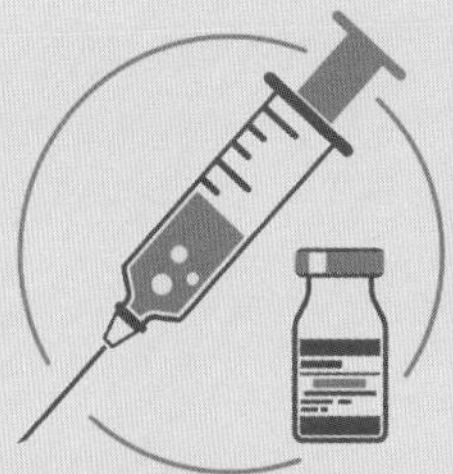

vaccine
[væksíːn] 명 백신

digest
[daidʒést] 동 소화하다, 소화시키다 명 요약

exercise
[éksərsaiz] 명 운동, 연습, 훈련 동 운동하다

muscle
[mʌsl] 명 근육, 힘

checkup
[tʃékʌp] 명 건강 진단, 검진

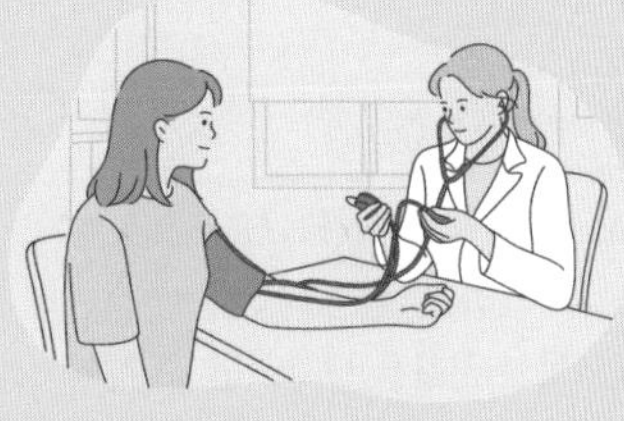

Write the Words

각 단어가 문장에서 어떻게 쓰이는지 살펴보아요.

➔ 다음 문장을 읽고, 표시된 단어를 따라 쓴 후 2번 더 써 보세요.

1 I have a cough and a fever.
나는 기침하고 열이 난다.

2 The flu is caused by viruses.
독감은 바이러스에 의해 생긴다.

3 Take the medicine three times a day.
하루에 세 번 약을 복용하세요. 문법 엿보기

4 People were wounded in the accident.
그 사고로 사람들이 부상을 입었다.

5 Smoking can cause lung cancer.
흡연은 폐암을 유발할 수 있다.

6 Pinkeye is a common disease for children.
유행성 결막염은 아이들에게 흔한 질병이다.

7 Raw seafood might infect people.
익히지 않은 해산물은 사람들을 감염시킬 수도 있다.

8 She is a well-known brain surgeon.
그녀는 유명한 뇌 전문 외과 의사이다.

9 You should visit your dentist twice a year.
너는 일년에 두 번 치과를 방문해야 한다.

10 I had an operation to remove my tonsils.
나는 편도선을 제거하는 수술을 받았다.

단어 이야기

영화 <Jurassic World: Dominion(쥬라기 월드: 도미니언, 2022)> 속 공룡들은 이전의 쥬라기 공원 시리즈에서처럼 섬에 갇혀 살지 않아요. 점점 더 퍼지는 공룡의 문제가 심각해지자 바이오신이라는 거대 회사가 전권을 받아 이 문제를 해결하기로 하죠. 명목상 공룡을 보호하고 연구하여 사람들을 이롭게 하겠다고 주장합니다. **"He hopes to study the dinosaurs' ancient immune systems.**(그는 공룡들의 고대 면역 체계를 연구하고 싶어하지.)**"**

MP3-**111**

➔ 다음 문장을 읽고, 표시된 단어를 따라 쓴 후 2번 더 써 보세요.

1 My brother doesn't like eating vegetables.
내 남동생은 채소 먹는 것을 싫어한다.

2 We bought organic fruits at the market.
우리는 시장에서 유기농 과일을 샀다.

3 Protein is a very important part of nutrition.
단백질은 매우 중요한 영양 성분이다.

4 Vitamins are vital for your body.
비타민은 신체에 필수적이다.

5 He hopes to study the dinosaurs' immune systems.
그는 공룡들의 면역 체계를 연구하고 싶어한다. 단어 이야기

6 The children get the flu vaccine every year.
어린이들은 해마다 독감 백신을 맞는다.

7 Swimming is good exercise for seniors.
수영은 어르신들에게 좋은 운동이다.

8 Stretch your muscles during the break.
쉬는 시간 동안 근육을 스트레칭하세요.

9 He has trouble digesting dairy foods.
그는 유제품을 소화하는 데 어려움이 있다.

10 I go for a checkup every year.
나는 해마다 건강 검진을 한다.

문법 엿보기 횟수 표시 방법

횟수 + times + a + 기간

몇 배인지를 나타내는 표현을 배수사라고 하는데, **배수사 + 기간**을 써서 …**동안에 ~번**을 이야기할 수 있어요. 즉 once, twice, three times 등 + a day, a week, a month 등을 조합하면 하루에 한 번인지 두 번인지, 일주일에 몇 번인지 등을 나타낼 수 있답니다.

Check the Words

A 다음 중 철자가 올바른 단어에 동그라미하고, 우리말 뜻을 써 보세요.

1 **medicine / medicin**

2 **wound / wund**

3 **cansor / cancer**

4 **exersise / exercise**

B 철자가 잘못된 단어를 골라 빙고 3줄을 완성하고, 아래 올바른 단어와 뜻을 써 보세요.
(단어의 순서는 상관없이 쓰세요.)

vitamine	protin	daigest
operation	viruse	fever
musle	vacine	surgeon

	올바른 단어	우리말 뜻
1		
2		
3		
4		
5		
6		

C 주어진 뜻과 일치하는 영단어를 찾아 연결해 보세요.

1	**someone who treats people's teeth** •	•	ⓐ vegetable
2	**an illness of people or animals** •	•	ⓑ dentist
3	**a plant that is used as food** •	•	ⓒ disease
4	**to pass a disease to a person** •	•	ⓓ infect

D 우리말 뜻에 맞는 영단어를 써 넣어 문장을 완성해 보세요. (문장의 첫 글자나 고유명사의 첫 글자는 대문자로 쓰세요.)

1 I have a cough and a ______________________.
열

2 She is a well-known brain ______________________.
외과 의사

3 I had an ______________________ to remove my tonsils.
수술

4 We bought ______________________ fruits at the market.
유기농의

5 He hopes to study the dinosaurs' ______________________ systems.
면역의

6 I go for a ______________________ every year.
건강 검진

peace [piːs] 명 평화

Unit 08

dove
[dʌv] 명 비둘기

aid
[eid] 명 원조, 지원, 도움
동 돕다

harmony
[hάːrməni] 명 조화, 화합

trust
[trʌst] 명 신뢰, 신임
동 (사람을) 믿다

ally
[ǽlai] 명 동맹국, 협력자

freedom
[fríːdəm] 명 자유

cooperation
[kouαpəréiʃn] 명 협력, 합동

solution
[səlúːʃn] 명 해결책, 해법, 정답

relieve
[rilíːv] 동 (고통을) 없애 주다, 안도하게 하다

treaty
[tríːti] 명 조약

war [wɔːr] 명 전쟁

battle
[bǽtl] 명 전투
동 싸우다

army
[ɑ́ːrmi] 명 군대, 육군

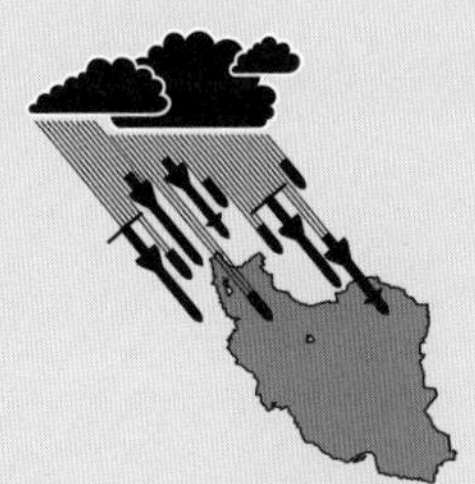

attack
[ətǽk] 동 공격하다
명 공격, 폭행

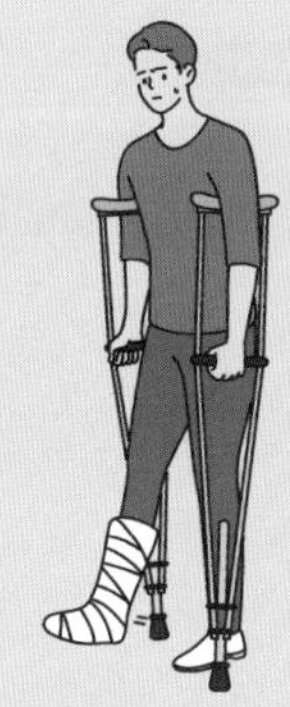

injury
[índʒəri] 명 부상, 상처

death
[deθ] 명 죽음, 종말

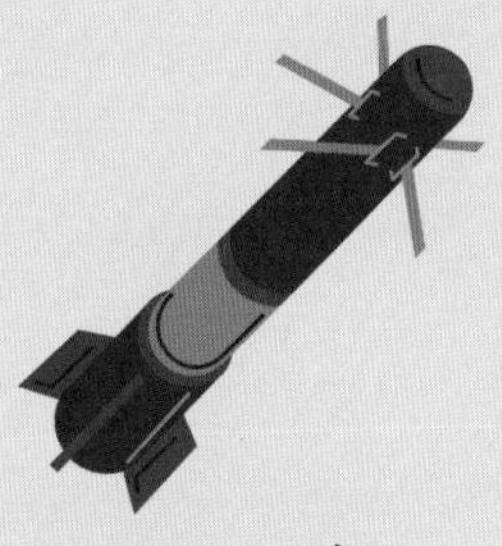

missile
[mísl] 명 미사일

threat
[θret] 명 위협, 위험, 위협적인 존재

soldier
[sóuldʒər] 명 군인

cannon
[kǽnən] 명 대포, 기관포

weapon
[wépən] 명 무기

Write the Words

각 단어가 문장에서 어떻게 쓰이는지 살펴보아요.

➜ 다음 문장을 읽고, 표시된 단어를 따라 쓴 후 2번 더 써 보세요.

1 The white dove is a symbol of peace.
하얀 비둘기는 평화의 상징이다.

2 Emergency aid has arrived in the city.
긴급 지원이 그 도시에 도착했다.

3 Now, predator and prey live in harmony.
이제 포식자와 피식자가 화합 속에 살고 있다. 단어 이야기

4 The country has been our ally for a long time.
그 나라는 오랫동안 우리의 동맹국이었다.

5 A peaceful society is built on trust.
평화로운 사회는 신뢰 위에 세워진다.

6 Why can't I have any freedom?
왜 나에게는 어떤 자유도 없는 건가요?

7 They are looking for a solution to the pandemic.
그들은 세계적인 전염병에 대한 해결책을 찾고 있다.

8 We went to a concert to relieve stress.
우리는 스트레스를 해소하기 위해 콘서트에 갔다.

9 Our peace depends on your cooperation.
우리의 평화는 당신의 협조에 달렸다.

10 They finally signed a peace treaty.
그들은 마침내 평화 조약을 체결했다.

단어 이야기

만화 영화 <Zootopia(주토피아, 2016)> 속 동물 세계에는 서로 잡고 잡아먹히는 관계 없이 모든 동물들이 사이좋게 살아가고 있습니다. predator(포식자)는 잡아먹는 육식동물을 뜻하고, prey(피식자, 먹이)는 그 먹이가 되는 작은 동물들을 뜻하니 그들이 조화와 화합 속에 살게 된 것은 이렇게 말할 수 있죠. **"Now, predator and prey live in harmony."** 하지만 과연 그 위태로운 화합은 계속될까요?

MP3-**114**

➔ 다음 문장을 읽고, 표시된 단어를 따라 쓴 후 2번 더 써 보세요.

1 He was the only survivor of the battle.
그가 그 전투의 유일한 생존자였다.

2 Jason decided to join the army.
제이슨은 군대에 가기로 결정했다.

3 We're under attack from a super villain.
우리는 슈퍼 악당의 공격을 받고 있다.

4 I won the game despite having a knee injury.
나는 무릎 부상에도 불구하고 게임에서 이겼다. 문법 엿보기

5 Life is not separate from death.
삶과 죽음은 별개의 것이 아니다. (명언: 죽음도 삶의 일부이다.)

6 The missile destroyed the whole city.
그 미사일이 도시 전체를 파괴했다.

7 The soldiers were wounded in the battle.
군인들은 그 전투에서 부상을 당했다.

8 They fired the cannon at the enemy ships.
그들은 적의 선박에 대포를 쏘았다.

9 It was a serious threat to our peace.
그것은 우리의 평화에 심각한 위협이었다.

10 They were attacked with a nuclear weapon.
그들은 핵무기의 공격을 받았다.

문법 엿보기 despite

despite + -ing

despite은 **~에도 불구하고**라는 뜻의 전치사로 뒤에 동명사를 목적어로 사용합니다. 다시 말해 despite 다음에 오는 명사 또는 명사구는 '방해가 되는 어떤 것'인 셈이죠. 그래서 따라오는 문장은 어떻게 하면 그것을 극복하는지에 대해 말하는 경우가 많답니다.

Check the Words

A 다음 중 철자가 올바른 단어에 동그라미하고, 우리말 뜻을 써 보세요.

1 **relieve / releive**

2 **solder / soldier**

3 **injery / injury**

4 **missle / missile**

B 철자가 잘못된 단어를 골라 빙고 3줄을 완성하고, 아래 올바른 단어와 뜻을 써 보세요.
(단어의 순서는 상관없이 쓰세요.)

freedam	deathe	aly
battle	hamony	cannon
threate	coperation	solution

	올바른 단어	우리말 뜻
1		
2		
3		
4		
5		
6		

C 주어진 뜻과 일치하는 영단어를 찾아 연결해 보세요.

1	**help or support**	•	• ⓐ dove
2	**a country's fighting force**	•	• ⓑ army
3	**a white bird used as a symbol of peace**	•	• ⓒ trust
4	**to believe that someone is good and honest**	•	• ⓓ aid

D 우리말 뜻에 맞는 영단어를 써 넣어 문장을 완성해 보세요. (문장의 첫 글자나 고유명사의 첫 글자는 대문자로 쓰세요.)

1 They are looking for a ____________ to the pandemic.
해결책

2 They finally signed a ____________ ____________.
평화 조약

3 He was the only survivor of the ____________.
전투

4 We're under ____________ from a super villain.
공격

5 They fired the ____________ at the enemy ships.
대포

6 They were attacked with a nuclear ____________.
무기

MP3-**115**

private [práivət] 형 개인적인

Unit 09

diary
[dáiəri] 명 일기

secret
[síːkrit] 명 비밀
형 비밀의

memory
[méməri] 명 기억(력), 추억

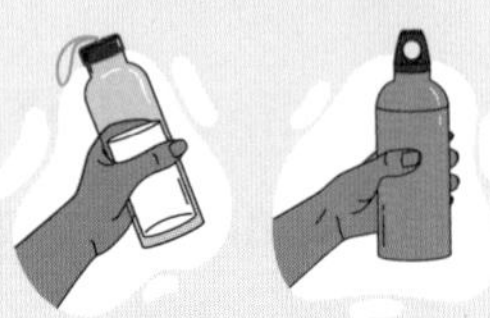

own
[oun] 형 자신의, 직접 ~한
동 소유하다

chat
[tʃæt] 명 수다, 대화
동 수다를 떨다

personal
[pə́rsənl] 형 개인의, 개인적인

email
[íːmeil] 명 이메일
동 이메일을 보내다

property
[prɑ́ːpərti] 명 재산, 소유물

hobby
[hɑ́ːbi] 명 취미

password
[pǽswɜːrd] 명 비밀번호, 암호

public

[pʌ́blik] 형 대중의

square

[skweər] 명 광장, 정사각형
형 정사각형의, 직각의

social

[sóuʃl] 형 사회의, 사회적인
명 사교 모임

popular

[pɑ́:pjulər] 형 인기 있는, 일반적인

market

[mɑ́:rkit] 명 시장
동 상품을 광고하다

civil

[sívl] 형 시민(들)의, 문명의

announcer

[ənáunsər] 명 아나운서,
방송 진행자

celebrity

[səlébrəti] 명 유명 인사, 명성

presentation

[prizentéiʃən] 명 프레젠테이션,
발표, 제시, 제출

exhibition

[eksibíʃn] 명 전시(회)

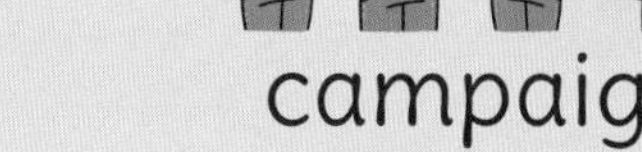

campaign

[kæmpéin] 명 캠페인,
(사회적) 운동, 활동

Write the Words

각 단어가 문장에서 어떻게 쓰이는지 살펴보아요.

➔ 다음 문장을 읽고, 표시된 단어를 따라 쓴 후 2번 더 써 보세요.

1 She had kept a diary for over ten years.
그녀는 10년 넘게 일기를 썼었다. 문법 엿보기

2 What if I don't keep it secret?
내가 비밀을 지키지 않는다면 어떻게 될까?

3 I suffer from short-term memory loss.
나는 단기 기억 상실증을 앓고 있다. 단어 이야기

4 I had a long chat with my best friend.
나는 제일 친한 친구와 오랫동안 수다를 떨었다.

5 I would like to have my own computer.
나는 나만의 컴퓨터를 가지고 싶다.

6 I learned a lesson from my personal experience.
나는 나의 개인적인 경험을 통해 교훈을 얻었다.

7 I'll send you an email by tomorrow.
내일까지 이메일을 보내겠습니다.

8 My hobby is reading English novels.
내 취미는 영어 소설을 읽는 것이다.

9 I'm trying to protect my property.
나는 내 재산을 지키고자 노력하고 있다.

10 I forgot my password to my email account.
나는 내 이메일 계정 비밀번호를 잊어버렸다.

단어 이야기

만화 영화 <Finding Nemo(니모를 찾아서, 2003)>와 그 후속편인 <Finding Dory(도리를 찾아서, 2016)>에는 산만하기 이를 데 없는 물고기 도리(Dory)가 등장합니다. 도리는 방금 말한 것, 방금 한 일도 금세 잊어버리는 단기 기억 상실증에 걸렸다고 말해요. **"I suffer from short-term memory loss."** 그럼에도 불구하고 항상 남을 도우려 하고, 흔들리지 않고 앞으로 나아가는 멋진 모습을 보여 준답니다.

MP3-**117**

➔ 다음 문장을 읽고, 표시된 단어를 따라 쓴 후 2번 더 써 보세요.

1 People were gathered in the square.
사람들이 광장에 모여 있었다.

2 Bullying is a serious social problem.
집단 괴롭힘은 심각한 사회 문제이다.

3 K-pop has become popular around the world.
케이팝은 전 세계적으로 유명하게 되었다.

4 They went to the market to eat fresh seafood.
그들은 신선한 해산물을 먹으러 시장에 갔다.

5 He was the leader of the civil rights movement.
그는 시민 권리 운동의 지도자였다.

6 The announcer introduced the next performer.
아나운서는 다음 참가자를 소개했다.

7 I'm giving a presentation on A.I. for my class.
나는 수업에서 인공지능에 대해 발표할 것이다.

8 The exhibition will be held at the museum.
그 전시는 박물관에서 열릴 것이다.

9 He became a celebrity overnight.
그는 하룻밤 새 유명 인사가 되었다.

10 We were busy with the election campaign.
우리는 선거 운동으로 바빴다.

문법 엿보기 과거완료

had + 과거분사

'have + 과거분사'가 현재완료로 과거를 말하고 있다면, 'had + 과거분사'는 과거완료로 '과거의 어느 시점 이전에 일어나서 과거의 어느 시점에 끝난 사건'을 표현합니다. 어떤 사건이 먼저 일어났는지를 알려주기 위해 사용되죠.

Check the Words

A 다음 중 철자가 올바른 단어에 동그라미하고, 우리말 뜻을 써 보세요.

1 **habby / hobby**

2 **secret / secrete**

3 **popular / populor**

4 **campaign / campain**

B 철자가 잘못된 단어를 골라 빙고 3줄을 완성하고, 아래 올바른 단어와 뜻을 써 보세요.
(단어의 순서는 상관없이 쓰세요.)

exhibition	social	diery
memary	civile	personel
owun	people	anouncer

	올바른 단어	우리말 뜻
1		
2		
3		
4		
5		
6		

C 주어진 뜻과 일치하는 영단어를 찾아 연결해 보세요.

1	**to talk to someone friendly** •	• ⓐ presentation
2	**someone who is famous** •	• ⓑ chat
3	**a message over the internet** •	• ⓒ celebrity
4	**an act of giving information about something** •	• ⓓ email

D 우리말 뜻에 맞는 영단어를 써 넣어 문장을 완성해 보세요. (문장의 첫 글자나 고유명사의 첫 글자는 대문자로 쓰세요.)

1 I'm trying to protect my ______________.
재산, 소유물

2 I forgot my ______________ to my ______________ account.
비밀번호 / 이메일

3 People were gathered in the ______________.
광장

4 Bullying is a serious ______________ problem.
사회적인

5 They went to the ______________ to eat fresh seafood.
시장, 마켓

6 The ______________ will be held at the museum.
전시

MP3-**118**

visible [vízəbl] 형 보이는

Unit 10

look

[luk] 명 쳐다봄, 눈길
동 보다, 찾다

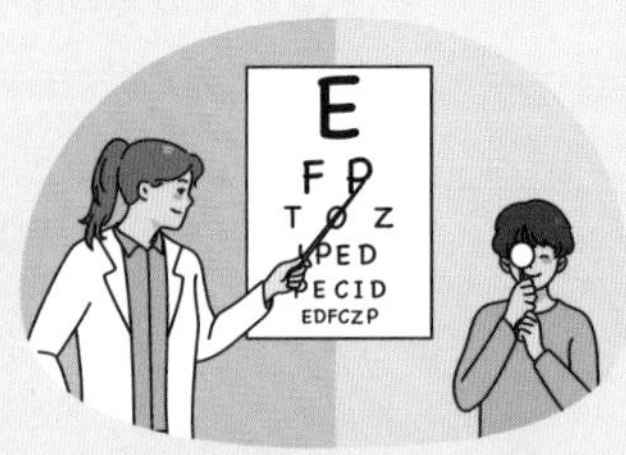

eyesight

[áisait] 명 시력

display

[dispiéi] 명 전시, 진열
동 전시하다, 진열하다

clothes

[klouz] 명 옷, 의복

material

[mətíəriəl] 명 재료, 직물
형 물질적인

behavior

[bihéivjər] 명 행동, 태도

appearance

[əpírəns] 명 외모, (겉)모습, 나타남

design

[dizáin] 명 디자인, 설계
동 디자인하다

evidence

[évidəns] 명 증거

demonstrate

[démənstreit] 동 증거를 들어 보여주다,
입증하다, 시위하다

invisible

[invízəbl] 형 보이지 않는

miracle
[mírəkl] 명 기적

emotion
[imóuʃn] 명 감정

religion
[rilídʒən] 명 종교

fortune
[fɔ́ːrtʃuːn] 명 운, 재산

fear
[fiər] 명 두려움, 공포
동 두려워하다

imagination
[imædʒinéiʃn] 명 상상력, 상상, 착각, 창의력

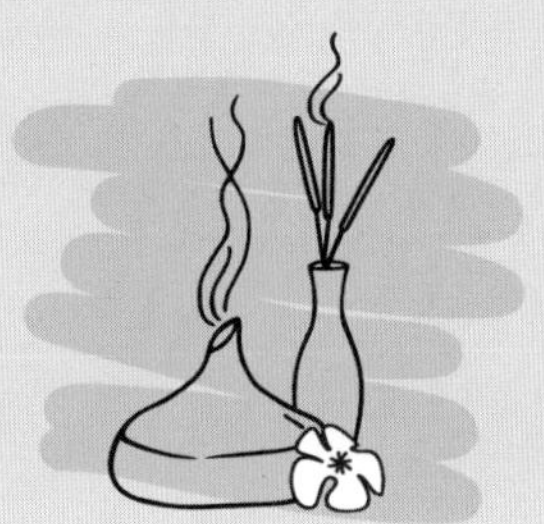

scent
[sent] 명 향기, 향내

knowledge
[nάːlidʒ] 명 지식

language
[lǽŋgwidʒ] 명 언어

custom
[kʌstəm] 명 관습, 습관

Write the Words 각 단어가 문장에서 어떻게 쓰이는지 살펴보아요.

➜ 다음 문장을 읽고, 표시된 단어를 따라 쓴 후 2번 더 써 보세요.

1 If you look carefully, you may find details.
자세히 들여다보면 너는 세부 사항들을 알게 될 것이다.

2 Eagles have very good eyesight.
독수리들은 시력이 매우 좋다.

3 The exhibition has a great display of armor.
그 전시회는 멋진 갑옷들이 전시되어 있다.

4 She expresses herself through her clothes.
그녀는 의복을 통해 자신을 표현한다.

5 I need solid materials like wood and stone.
나는 나무나 돌 같은 고체로 된 소재가 필요하다.

6 Your behavior shows your character.
너의 행동이 너의 성격을 보여 준다.

7 People are attracted by its unique design.
사람들은 그것의 독특한 디자인에 매료되었다.

8 We need concrete evidence.
우리는 구체적인 증거가 필요하다.

9 You shouldn't judge others by their appearance.
외모로 다른 사람들을 판단하지 않아야 한다.

10 Scientists must demonstrate their findings.
과학자들은 자신들의 연구 결과를 증명해야 한다.

단어 이야기

만화 영화 <Zootopia(주토피아, 2016)> 속 주인공 Judy(주디)는 작은 토끼지만 동물 나라 주토피아에서 경찰이 되기를 꿈꿉니다. 어렵게 경찰 시험에 합격을 하고 고향 마을을 떠나 큰 도시로 갈 때, 부모님은 온통 걱정뿐이시지만 주디는 이렇게 이야기합니다. **"The only thing we have to fear is fear itself."**

➜ 다음 문장을 읽고, 표시된 단어를 따라 쓴 후 2번 더 써 보세요.

1 Live your life as if everything is a miracle.
모든 것이 기적인 것처럼 네 인생을 살아라. (명언)

2 It's easy to overlook invisible emotions.
보이지 않는 감정들은 지나치기 쉽다.

3 Everyone has freedom to choose their own religion.
모든 사람은 자신들의 종교를 선택할 자유가 있다.

4 I had the good fortune of working with you.
너와 일할 수 있어서 큰 행운이었다.

5 The only thing we have to fear is fear itself.
우리가 두려워해야 할 한 가지는 두려움 그 자체뿐이다. 단어 이야기

6 Imagination is the key to finding solutions.
상상력은 해결책을 찾는 데 핵심 요소이다.

7 The seniors share their knowledge and talents.
어르신들은 그들의 지식과 재능을 나누신다.

8 They respect the old customs of the country.
그들은 그 나라의 오래된 관습을 존중한다.

9 The fresh scent of flowers filled the garden.
꽃들의 신선한 향기가 정원을 가득 채웠다.

10 Language is worth knowing more than ever.
언어는 그 어느 때보다 배울 가치가 있다. 문법 엿보기

문법 엿보기 worth

be worth + -ing
worth는 **~할 가치가 있는, ~해볼 만한**이라는 뜻의 형용사로 쓰이거나, 명사로 **가치, 진가, (얼마)짜리**의 뜻으로 쓰이죠. be 동사와 동명사와 함께 쓰이면 **~할 가치가 있다, ~ 할 만하다**로 해석이 된답니다. 자주 쓰이기도 하고, worth 뒤에 ing 형태를 써 줘야 하기 때문에 시험에도 자주 나온답니다.

Check the Words

A 다음 중 철자가 올바른 단어에 동그라미하고, 우리말 뜻을 써 보세요.

1 **behavior / behavier**

2 **design / desine**

3 **appearance / appearanse**

4 **scent / csent**

B 철자가 잘못된 단어를 골라 빙고 3줄을 완성하고, 아래 올바른 단어와 뜻을 써 보세요.
(단어의 순서는 상관없이 쓰세요.)

imaginasion	fortun	myracle
dimonstrate	langage	evidence
eyesaight	knowledge	material

	올바른 단어	우리말 뜻
1		
2		
3		
4		
5		
6		

C 주어진 뜻과 일치하는 영단어를 찾아 연결해 보세요.

1	to be afraid of	ⓐ emotion
2	to try to find something	ⓑ fear
3	things that people wear to cover the body	ⓒ look
4	a strong feeling such as love or anger	ⓓ clothes

D 우리말 뜻에 맞는 영단어를 써 넣어 문장을 완성해 보세요. (문장의 첫 글자나 고유명사의 첫 글자는 대문자로 쓰세요.)

1 The exhibition has a great ______________ of armor.
전시, 진열

2 I need solid ______________ like wood and stone.
재료 (복수형)

3 We need concrete ______________.
증거

4 Everyone has freedom to choose their own ______________.
종교

5 The seniors share their ______________ and talents.
지식

6 They respect the old ______________ of the country.
관습 (복수형)

Word Check List

➔ 아는 단어 앞에 √ 표시를 해 보세요. 기억나지 않는 단어는 다시 확인해 암기하세요.

√	단어	√	단어	√	단어
	future		sick		peace
	hope		fever		dove
	dream		virus		aid
	schedule		medicine		harmony
	vision		wound		trust
	robot		cancer		ally
	expect		disease		freedom
	imagine		infect		solution
	innovation		surgeon		relieve
	predict		dentist		cooperation
	develop		operation		treaty
	past		healthy		war
	yesterday		vegetable		battle
	history		organic		army
	legend		protein		attack
	knight		vitamin		injury
	tradition		immune		death
	dynasty		vaccine		missile
	ancient		exercise		soldier
	experience		muscle		cannon
	kingdom		digest		threat
	museum		checkup		weapon

√	단어	√	단어
	private		visible
	diary		look
	secret		eyesight
	memory		display
	chat		clothes
	own		material
	personal		behavior
	email		design
	hobby		evidence
	property		appearance
	password		demonstrate
	public		invisible
	square		miracle
	social		emotion
	popular		religion
	market		fortune
	civil		fear
	announcer		imagination
	presentation		knowledge
	exhibition		custom
	celebrity		scent
	campaign		language

Answer Keys
정답

Chapter 1. 모양을 떠올려 기억해요

Unit 01 small ⇔ big pp.16~17

A 1 rock 2 cabin 3 giant 4 acorn

B

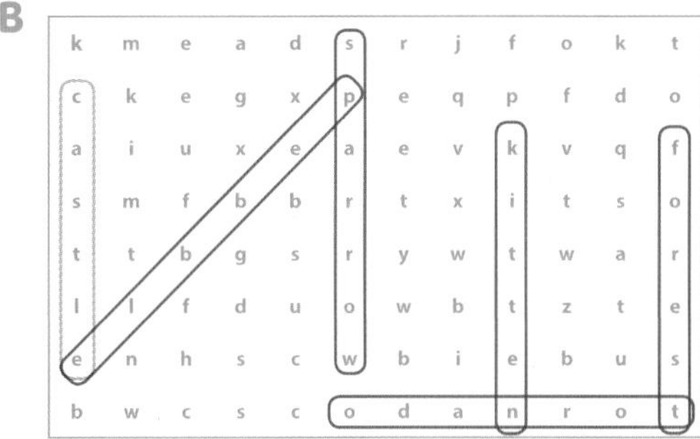

1 성 2 숲 3 새끼 고양이

4 자갈, 조약돌 5 참새 6 회오리바람, 토네이도

C 1 snowflake 눈송이 2 dinosaur 공룡

3 space 우주 4 elephant 코끼리

D 1 ⓑ button 2 ⓐ insect 3 ⓒ cells

4 ⓒ crumbs 5 ⓑ Whales 6 ⓐ college

Unit 02 hard ⇔ soft pp.22~23

A 1 nail 2 crab 3 tofu 4 cream

B

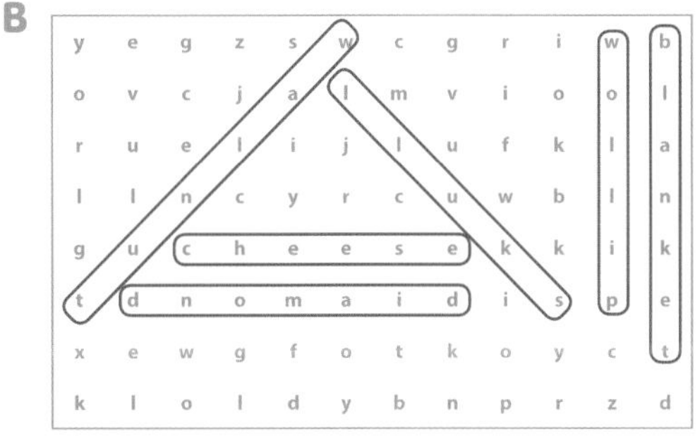

1 호두, 호두나무 2 두개골 3 치즈

4 담요 5 다이아몬드 6 베개

C 1 seashell 조개껍데기 2 sponge 스펀지

3 marshmallow 마시멜로

4 concrete 콘크리트, 구체적인

D 1 ⓒ Steel 2 ⓐ armor 3 ⓑ bricks

4 ⓐ wool 5 ⓒ cotton 6 ⓑ Clay

Unit 03 white ⇔ black pp.28~29

A 1 rice 2 milk 3 crow 4 tire

B

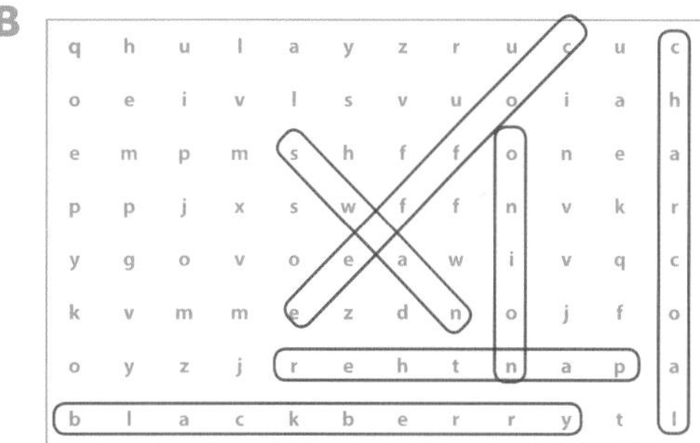

1 백조 2 양파 3 커피

4 검은 표범 5 블랙베리 6 숯

C 1 hospital 병원 2 whiteboard 화이트보드

3 sketchbook 스케치북

4 tarantula 타란툴라, 독거미

D 1 ⓐ cloud 2 ⓑ flour 3 ⓒ tooth

4 ⓒ pepper 5 ⓑ cavity 6 ⓐ midnight

Unit 04 long ⇔ short pp.34~35

A 1 river 2 snake 3 thumb 4 twig

B

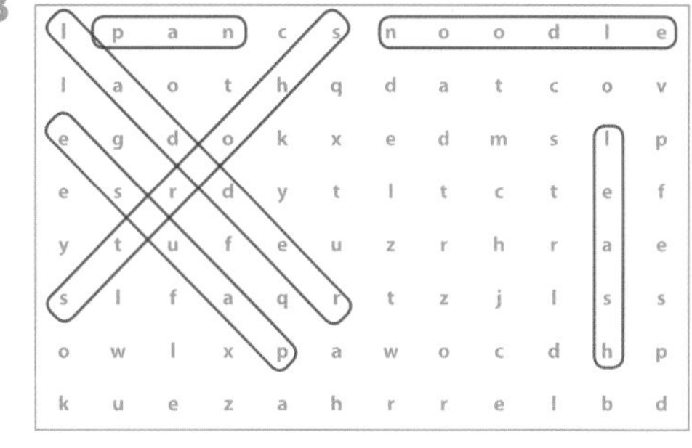

1 국수 2 사다리 3 목줄

4 멈춤, 잠시 멈추다 5 낮잠, 잠깐 잠 6 반바지

C 1 railroad 선로, 철도 2 bamboo 대나무

3 dwarf 난쟁이 4 miniskirt 미니스커트

D 1 ⓑ thread 2 ⓐ sword 3 ⓒ Eels

4 ⓒ moment 5 ⓐ poems 6 ⓑ needle

Unit 05 more ⇔ less ········· pp.40~41

A 1 rich 2 full 3 cheap 4 minor

B

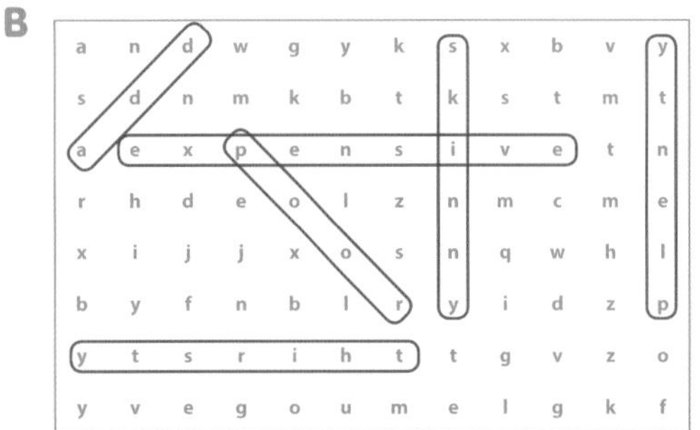

1 더하다, 추가하다 2 비싼 3 가난한

4 깡마른 5 목마른 6 풍부한 양, 많이

C 1 combine 결합하다

2 overweight 과체중의, 비만의

3 shortage 부족 4 famine 기근, 기아, 굶주림

D 1 ⓒ flood 2 ⓑ expand 3 ⓑ overflow

4 ⓒ lack 5 ⓐ shrink 6 ⓒ starve

Unit 06 wet ⇔ dry ········· pp.48~49

A 1 soak 2 steam 3 dew 4 towel

B

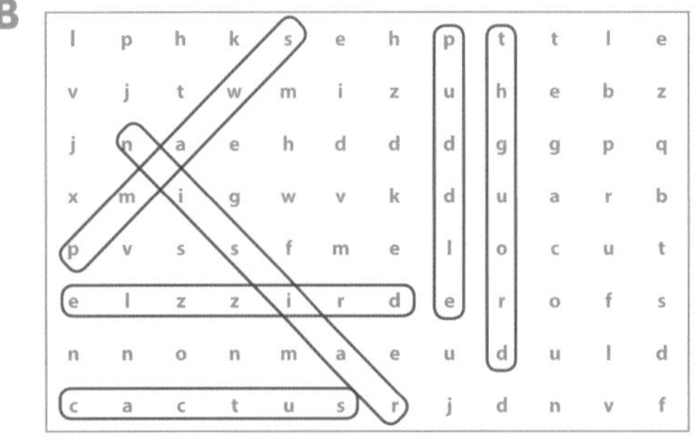

1 선인장 2 보슬비, 보슬비가 내리다 3 물웅덩이

4 건포도 5 늪, 습지 6 가뭄

C 1 umbrella 우산 2 slippery 미끄러운

3 waterproof 방수의, 방수복

4 wrinkle 주름, 주름이 지다

D 1 ⓑ shower 2 ⓐ humid 3 ⓒ desert

4 ⓑ hay 5 ⓐ dryer 6 ⓑ crisp

Unit 07 rectangle ⇔ circle ········· pp.54~55

A 1 flag 2 pupil 3 coin 4 globe

B

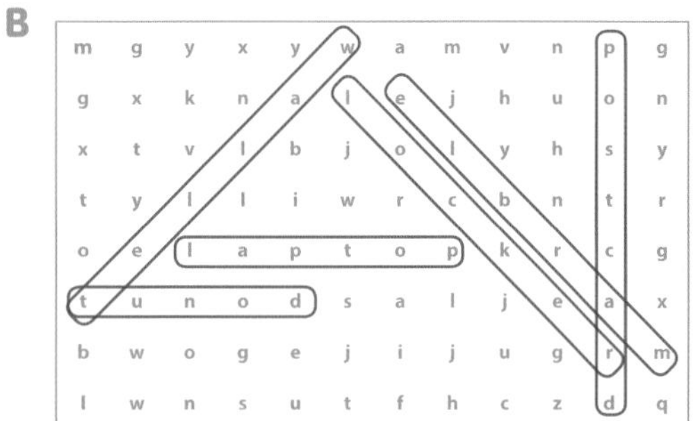

1 구슬, 대리석 2 노트북 컴퓨터 3 도넛

4 엽서 5 (자물쇠가 달린) 사물함 6 지갑

C 1 textbook 교과서 2 keyboard 키보드, 건반

3 necklace 목걸이 4 sunflower 해바라기

D 1 ⓐ bill 2 ⓑ frame 3 ⓒ passport

4 ⓑ planet 5 ⓐ nest 6 ⓒ compass

Unit 08 heavy ⇔ light ········· pp.60~61

A 1 stone 2 lever 3 straw 4 ash

B

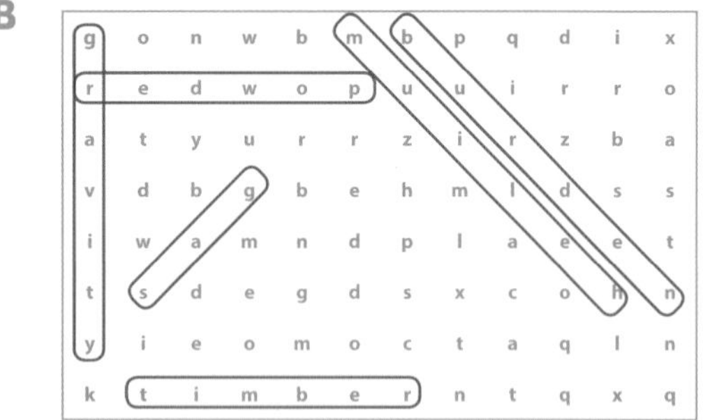

1 부담, 짐 2 가스, 기체 3 헬륨

4 가루, 분말 5 중력 6 목재

C 1 dumbbell 덤벨, 아령 2 rhinoceros 코뿔소

3 balloon 풍선 4 hydrogen 수소

D 1 ⓑ furniture 2 ⓒ load 3 ⓐ anchor

4 ⓑ bubbles 5 ⓒ feather 6 ⓑ dust

Unit 09 straight ⇔ curved pp.66~67

A 1 arrow 2 tower 3 arch 4 talon

B

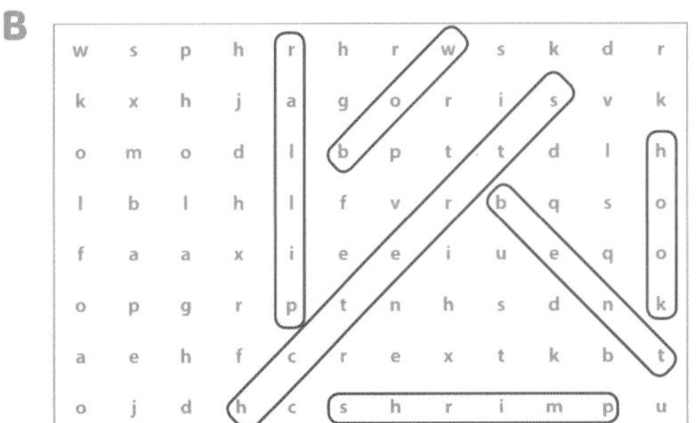

1 구부러진, 휜 2 기둥 3 활, 절하다 4 새우

5 갈고리, 갈고리로 걷다 6 늘이다, 늘어지다

C 1 horizon 수평선, 지평선

2 upright 똑바른, 수직 기둥 3 runway 활주로

4 flexible 신축성 있는, 잘 구부러지는, 유연한

D 1 ⓒ pole 2 ⓐ spears 3 ⓑ direct

4 ⓐ curly 5 ⓒ coil 6 ⓑ detour

Unit 10 pretty ⇔ ugly pp.72~73

A 1 doll 2 dress 3 cute 4 burp

B

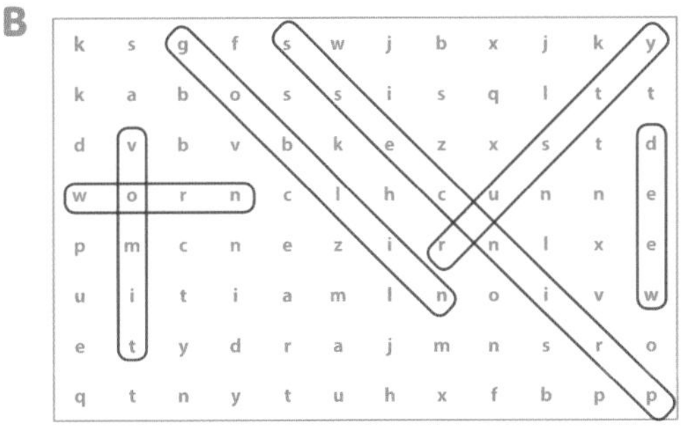

1 도깨비, 고블린 2 잡초 3 공주 4 토하다

5 해진, 닳은 6 녹슨

C 1 attractive 매력적인 2 decorate 장식하다, 꾸미다

3 daughter 딸 4 mosquito 모기

D 1 ⓑ beauty 2 ⓐ angels 3 ⓒ bride

4 ⓐ beast 5 ⓑ garbage 6 ⓐ duckling

Chapter 2. 성질을 떠올려 기억해요

Unit 01 hot ⇔ cold pp.82~83

A 1 flame 2 north 3 icicle 4 stove

B

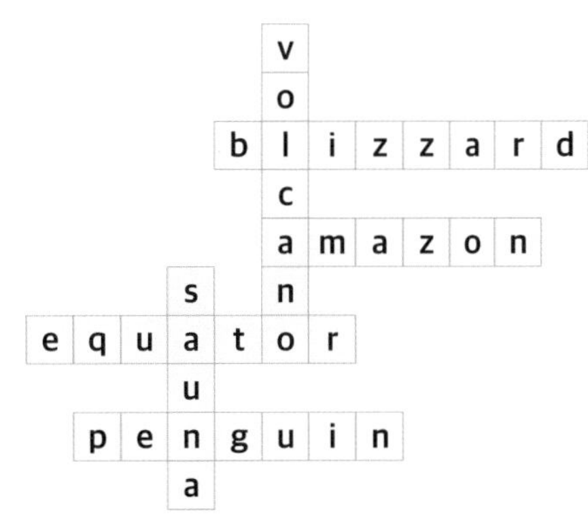

C 1 tropical 2 refrigerator

3 Antarctica 4 igloo

D 1 boils 2 Lava 3 chill

4 frost 5 Grill 6 Polar

Unit 02 slow ⇔ fast pp.88~89

A 1 crawl 2 sloth 3 hare 4 snail

B

			f							
s	p	e	e	d						
t			r							
a			m		j		l			
i			e	l	e	v	a	t	o	r
r			n		t		z			
			t				y			

C 1 tricycle 2 pedestrian

3 spaceship 4 lightning

D 1 bullet 2 turtle 3 cautious

4 machine 5 hurry 6 comet

Unit 03 solid ⇔ liquid ······ pp.94~95

A 1 wood 2 gold 3 gem 4 soup

B

				c		t	e	a
				h		e		
			s	o	d	a		
				c		r		
				o				
			g	l	a	s	s	
				a				
p	l	a	s	t	i	c		
				e				

C 1 honey 2 magnet
3 iceberg 4 alcohol

D 1 metal 2 drink 3 firm
4 oil 5 blood 6 melt

Unit 04 summer ⇔ winter ······ pp.100~101

A 1 beach 2 ski 3 sled 4 coat

B

									s			
								s	w	e	a	t
									i			
									m			
			c						s			
			h			f			u			
			r			i			i			
		h	i	b	e	r	n	a	t	e		
			s			e						
b	o	o	t			f						
			m			l						
			a			y						
			s									

C 1 fireplace 2 watermelon
3 snowman 4 sweater

D 1 fan 2 solar 3 vacation
4 sunny 5 mittens 6 surfing

Unit 05 spring ⇔ fall ······ pp.106~107

A 1 frog 2 scarf 3 bud 4 pear

B

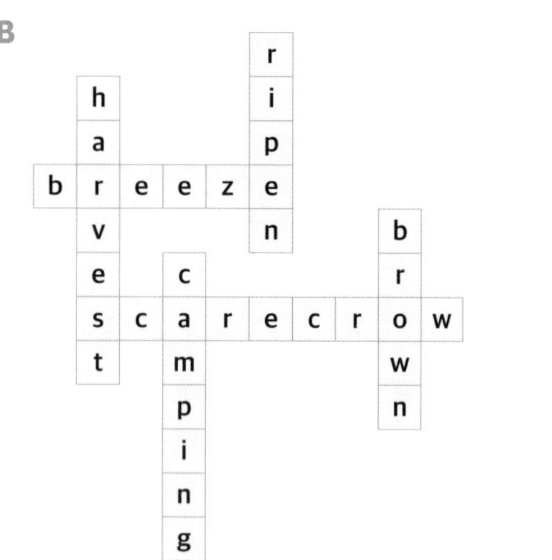

					r				
	h				i				
	a				p				
b	r	e	e	z	e				
	v				n			b	
	e		c					r	
	s	c	a	r	e	c	r	o	w
	t		m					w	
			p					n	
			i						
			n						
			g						

C 1 picnic 2 allergy
3 Halloween 4 persimmon

D 1 begin 2 bloom 3 sow
4 pollen 5 pumpkin 6 Thanksgiving

Unit 06 ocean ⇔ land ······ pp.114~115

A 1 sail 2 tide 3 soil 4 lawn

B

		c											
		o		s					s				
b	o	r	d	e	r				e				
		a		a				f	a	r	m	e	r
		l		f					w				
				o					e				
			c	o	n	t	i	n	e	n	t		
				d					d				

C 1 jellyfish 2 mermaid
3 mountain 4 earthworm

D 1 Dolphins 2 fisherman 3 submarine
4 fossils 5 field 6 geology

Unit 07 city ⇔ country ········· pp.120~121

A 1 busy 2 capital 3 rural 4 barn

B

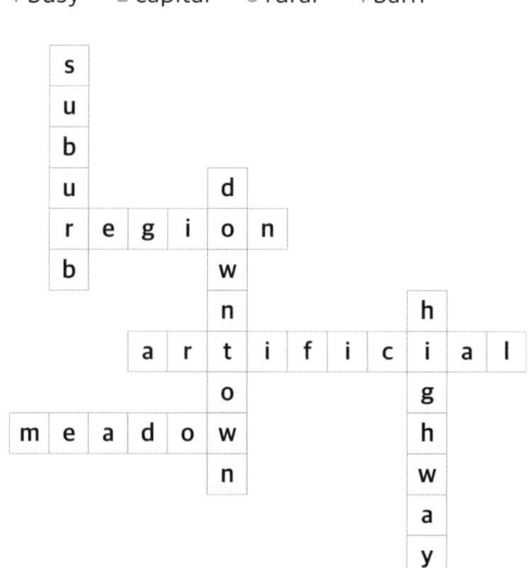

C 1 technology 2 skyscraper 3 peaceful 4 hometown

D 1 traffic 2 urban 3 crowded 4 village 5 orchard 6 Agriculture

Unit 08 plant ⇔ animal ········· pp.126~127

A 1 crop 2 fur 3 prey 4 hunter

B

wildlife
footprint
botanic
florist
zookeeper
livestock

C 1 seed 2 petal 3 stem 4 root

D 1 branches 2 wheat 3 sprout 4 leather 5 predators 6 migration

Unit 09 child ⇔ adult ········· pp.132~133

A 1 cub 2 vote 3 gray 4 suit

B

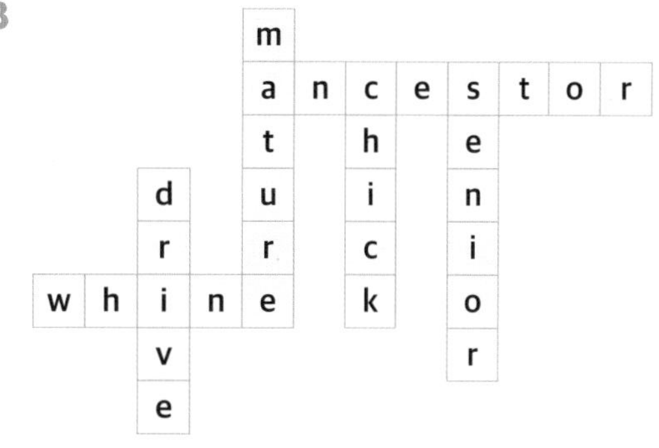

C 1 kindergarten 2 playground 3 stroller 4 occupation

D 1 piglets 2 Tadpoles 3 adorable 4 office 5 Toddlers 6 wedding

Unit 10 quiet ⇔ noisy ········· pp.138~139

A 1 dawn 2 still 3 yell 4 loud

B

pray
roar
recess
silence
engine
mute

C 1 library 2 whisper 3 whistle 4 vacuum

D 1 temple 2 lullaby 3 calm 4 parade 5 Thunder 6 scream

Chapter 3. 감정을 떠올려 기억해요

Unit 01 kind ⇔ rude pp.148~149

A 1 anger 2 blame 3 care 4 nurse

B 1 ⓑ 2 ⓔ 3 ⓒ
4 ⓐ 5 ⓕ 6 ⓓ

C 1 smile 2 manner 3 appreciate
4 disturb 5 tease

D 1 I think you owe us an apology.
2 My teacher gave me some good advice.
3 He is always polite to his teachers.
4 He denies telling a lie to everyone.
5 She is so mean to her classmates.

Unit 02 brave ⇔ afraid pp.154~155

A 1 hero 2 spider 3 mistake 4 exam

B 1 ⓐ 2 ⓒ 3 ⓔ
4 ⓕ 5 ⓑ 6 ⓓ

C 1 rescue 2 warrior 3 patriot
4 challenge 5 discovery

D 1 The firefighters rushed into the burning house.
2 They were looking for an adventure.
3 I had to give a short speech to my class.
4 I get nervous when I speak in English.
5 I hope you get a good grade on the test.

Unit 03 happy ⇔ sad pp.160~161

A 1 cozy 2 winner 3 lonely 4 sorrow

B 1 ⓒ 2 ⓐ 3 ⓓ
4 ⓔ 5 ⓑ 6 ⓕ

C 1 positive 2 success 3 allowance
4 regret 5 disappoint

D 1 We spent the weekend playing games.
2 The city held the music festival in May.
3 I'll be sad when I fail my math test.
4 I'm so sorry for your loss.
5 They missed their hometown badly.

Unit 04 good ⇔ evil pp.166~167

A 1 save 2 steal 3 abuse 4 addict

B 1 ⓒ 2 ⓐ 3 ⓑ
4 ⓕ 5 ⓓ 6 ⓔ

C 1 sacrifice 2 compassion 3 rumor
4 modest 5 witch

D 1 I will donate my allowance for hungry children.
2 I don't know if his advice was helpful.
3 I think the speech contest was so unfair.
4 I doubt whether he can finish his part.
5 The princess fell into a deep sleep under a curse.

Unit 05 love ⇔ hate pp.172~173

A 1 heart 2 family 3 upset 4 marry

B 1 ⓒ 2 ⓔ 3 ⓓ
4 ⓐ 5 ⓑ 6 ⓕ

C 1 precious 2 enemy 3 revenge
4 betray 5 guilt

D 1 BTS is the idol of teenagers in the world.
2 True friendship does not freeze in the winter.
3 I'm reading a romance novel in English.
4 We will become the most powerful villains in the world.
5 I've got a terrible pain in my eyes.

Unit 06 interesting ⇔ boring pp.180~181

A 1 mystery 2 delay 3 wait 4 dull

B 1 ⓐ 2 ⓕ 3 ⓒ
4 ⓑ 5 ⓔ 6 ⓓ

C 1 blockbuster 2 invent 3 curiosity
4 monotone 5 errand

D 1 I've met active seniors learning English.
2 We had a great time at the magic show.
3 She gave a boring lecture on food.
4 I saw my classmates stretching and yawning.
5 He repeats the same stories over and over.

Unit 07 difficult ⇔ easy pp.186~187

A 1 law 2 limit 3 simple 4 instant

B 1 ⓒ 2 ⓑ 3 ⓓ
4 ⓐ 5 ⓕ 6 ⓔ

C 1 trouble 2 impossible 3 obvious
4 convenience 5 daydream

D 1 Scientists solved a riddle about Antarctica.
2 He came in first in the Seoul marathon.
3 Our team didn't make it to the finals.
4 You can take my hands and lean on me.
5 I took English classes for beginners.

Unit 08 dark ⇔ bright pp.192~193

A 1 cave 2 mine 3 dim 4 candle

B 1 ⓓ 2 ⓐ 3 ⓑ
4 ⓒ 5 ⓕ 6 ⓔ

C 1 eclipse 2 lantern 3 luminous
4 sparkle 5 aurora

D 1 They saw the light at the end of the tunnel.
2 You need cool shade in hot sun.
3 Wild hamsters live in underground.
4 It was under the moonlight that I felt peaceful.
5 You'll need headlights when it's dark.

Unit 09 safe ⇔ dangerous pp.198~199

A 1 bank 2 code 3 cliff 4 wild

B 1 ⓓ 2 ⓐ 3 ⓒ
4 ⓕ 5 ⓑ 6 ⓔ

C 1 seatbelt 2 sanctuary 3 violent
4 pandemic 5 fence

D 1 It is safe to wear a helmet.
2 The warriors held up their spears and shields.
3 The stairs to the tower were steep.
4 The film reminds me of a terrible accident.
5 The earthquake destroyed buildings and roads.

Unit 10 live ⇔ die pp.204~205

A 1 born 2 grow 3 tomb 4 kill

B 1 ⓒ 2 ⓔ 3 ⓓ
4 ⓑ 5 ⓐ 6 ⓕ

C 1 lifespan 2 nutrition 3 habitat
4 extinction 5 survive

D 1 The children are always full of energy.
2 It's hard to breathe with a face mask.
3 His funeral was held in his hometown.
4 You can't allow your father's legacy to hold you back.
5 My library card expired last month.

Chapter 4. 상황을 떠올려 기억해요

Unit 01 clean ⇔ dirty
pp.214~215

A 1 recycle 재활용하다 2 sanitizer 살균제
3 stain 얼룩, 얼룩지게 하다, 더럽히다
4 trash 쓰레기, 쓰레기 같은 것

B

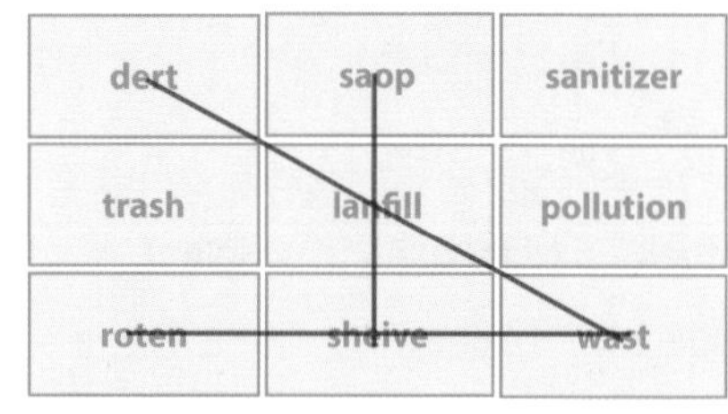

dert
saop
sanitizer
trash
lanfill
pollution
roten
shaive
wast

1 dirt 먼지, 때, 흙
2 soap 비누, 비누칠을 하다
3 landfill 쓰레기 매립지
4 rotten 썩은, 부패한, 형편없는
5 shave 면도, 면도하다
6 waste 폐기물, 쓰레기, 낭비, 낭비하다

C 1 ⓐ 2 ⓓ 3 ⓒ 4 ⓑ

D 1 stinky 2 soak, bathtub 3 sweep
4 pollution 5 broom 6 organized

Unit 02 build ⇔ destroy
pp.220~221

A 1 factory 공장 2 gather 모으다
3 architect 건축가 4 disaster 재난, 재해, 재앙

B

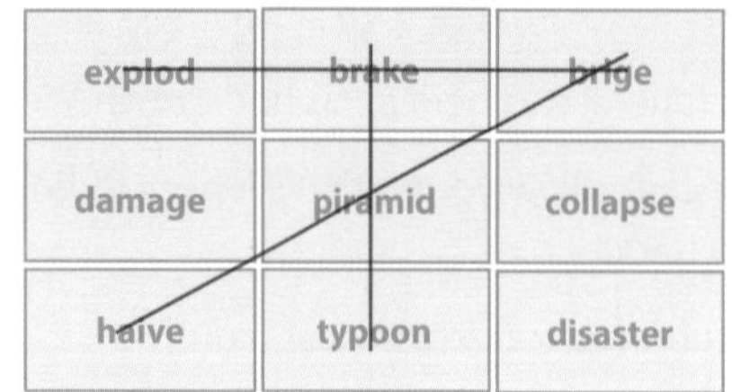

explod
brake
brige
damage
piramid
collapse
haive
typpon
disaster

1 explode 터지다, 폭발하다
2 break 깨다, 깨지다, 고장 내다, 고장나다
3 bridge 다리
4 pyramid 피라미드, 피라미드형의 물건
5 hive 벌집, 벌떼, 북새통을 이루는 곳
6 typhoon 태풍

C 1 ⓑ 2 ⓐ 3 ⓓ 4 ⓒ

D 1 Wall 2 factory 3 damage
4 debris 5 collapse 6 tools

Unit 03 up ⇔ down
pp.226~227

A 1 satellite 인공위성, 위성 2 pour 붓다, 따르다
3 bottom 맨 아래, 바닥
4 sink 가라앉다, 침몰시키다, 싱크대

B

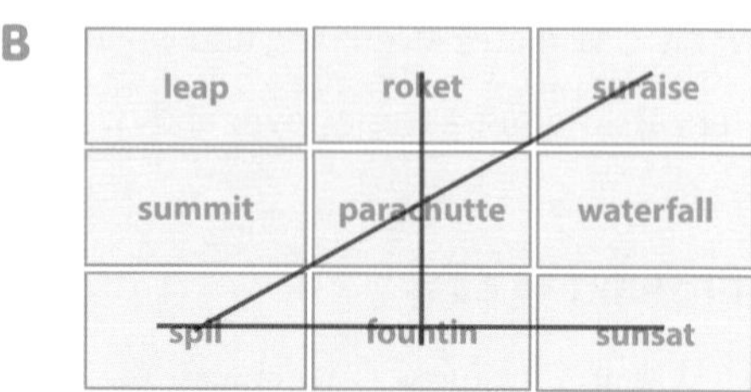

leap
roket
suraise
summit
parachutte
waterfall
spil
fountin
sunsat

1 rocket 로켓, 치솟다
2 sunrise 일출
3 parachute 낙하산, 낙하산을 타고 뛰어내리다
4 spill 쏟아지다, 흐르다, 쏟다
5 fountain 분수, 원천, 분수처럼 뿜어져 나오는 것
6 sunset 저녁 노을, 석양

C 1 ⓒ 2 ⓓ 3 ⓐ 4 ⓑ

D 1 kites 2 roof 3 lifted
4 dig 5 waterfall 6 Moles

Unit 04 in ⇔ out
pp.232~233

A 1 swallow 삼키다
2 escape 달아나다, 탈출하다, 탈출, 도피

B 1 core / crust 2 import / export
3 indoor / outdoor 4 inside / outside

C 1 ⓒ 2 ⓐ 3 ⓑ 4 ⓓ

D 1 pull 2 goal 3 center
4 push 5 exited 6 spit

Unit 05 same ⇔ different ······ pp.238~239

A 1 selfie 셀카

2 character 성격, 특징, 등장인물

3 race 인종, 경주, 경쟁

4 mirror 거울, 모습을 비추다

B

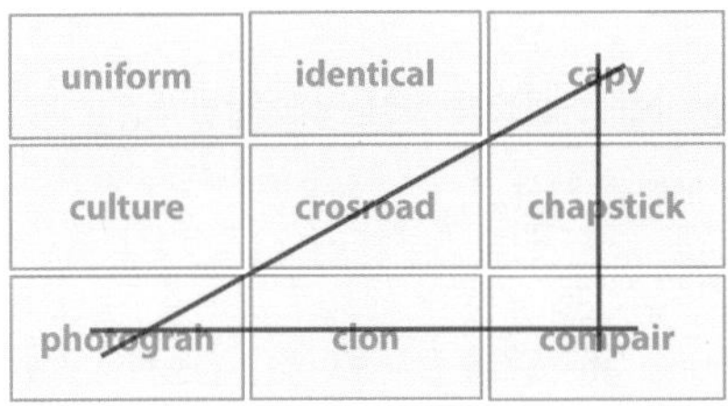

1 copy 복사(본), 복사하다, 베끼다

2 crossroad 교차로, 네거리, (선택의) 기로

3 chopstick 젓가락 (한 짝)

4 photograph 사진, 사진을 찍다

5 clone 클론, 복제, 복제품, 복제하다

6 compare 비교하다, 비유하다

C 1 ⓑ 2 ⓐ 3 ⓓ 4 ⓒ

D 1 uniform 2 twin 3 mimic 4 contrast 5 cultures 6 identical

Unit 06 future ⇔ past ······ pp.246~247

A 1 experience 경험, 경험하다 2 ancient 고대의

3 imagine 상상하다 4 vision 전망, 시야

B

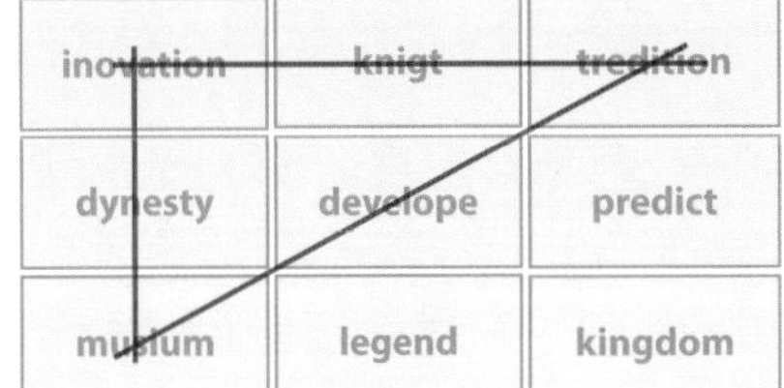

1 innovation 혁신, 쇄신

2 knight 기사

3 tradition 전통

4 dynasty 왕조, 시대

5 develop 발달하다, 성장하다, 개발하다

6 museum 박물관

C 1 ⓑ 2 ⓓ 3 ⓐ 4 ⓒ

D 1 hope 2 dream 3 robots 4 predict 5 history 6 legend

Unit 07 sick ⇔ healthy ······ pp.252~253

A 1 medicine 약, 의학

2 wound 부상, 상처, 상처를 입히다

3 cancer 암 4 exercise 운동, 연습, 훈련, 운동하다

B

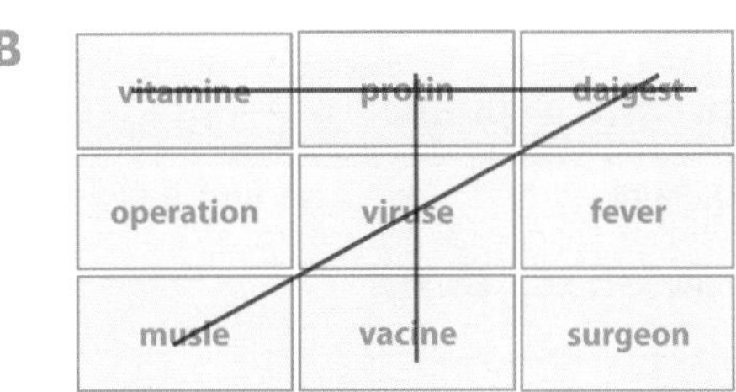

1 vitamin 비타민

2 protein 단백질

3 digest 소화하다, 소화시키다, 요약

4 virus 바이러스

5 muscle 근육, 힘

6 vaccine 백신

C 1 ⓑ 2 ⓒ 3 ⓐ 4 ⓓ

D 1 fever 2 surgeon 3 operation 4 organic 5 immune 6 checkup

Unit 08 peace ⇔ war ······ pp.258~259

A 1 relieve (고통을) 없애 주다, 안도하게 하다

2 soldier 군인 3 injury 부상, 상처

4 missile 미사일

B

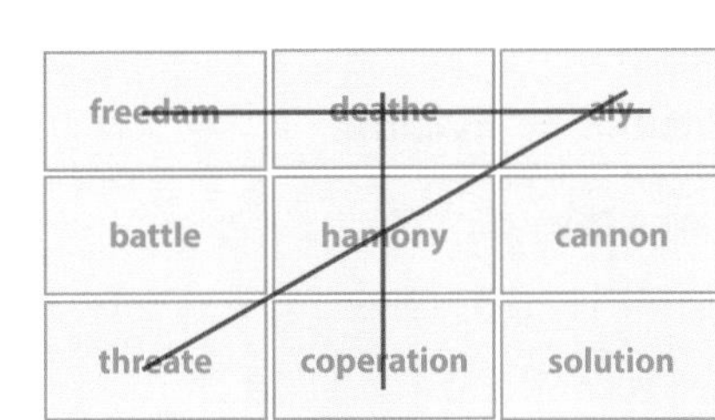

1 freedom 자유

2 death 죽음, 종말

3 ally 동맹국, 협력자

4 harmony 조화, 화합

5 threat 위협, 위험, 위협적인 존재

6 cooperation 협력, 합동

C 1 ⓓ 2 ⓑ 3 ⓐ 4 ⓒ

D 1 solution 2 peace, treaty 3 battle
4 attack 5 cannon 6 weapon

Unit 09 private ⇔ public ····· pp.264~265

A 1 hobby 취미 2 secret 비밀, 비밀의
3 popular 인기 있는, 일반적인
4 campaign 캠페인, (사회적) 운동, 활동

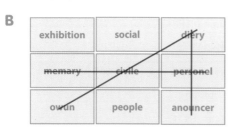

B

exhibition	social	diery
memary	civile	personel
owun	people	anouncer

1 diary 일기

2 memory 기억(력), 추억

3 civil 시민(들)의, 문명의

4 personal 개인의, 개인적인

5 own 자신의, 직접 ~한, 소유하다

6 announcer 아나운서, 방송 진행자

C 1 ⓑ 2 ⓒ 3 ⓓ 4 ⓐ

D 1 property 2 password, email 3 square
4 social 5 market 6 exhibition

Unit 10 visible ⇔ invisible ····· pp.270~271

A 1 behavior 행동, 태도
2 design 디자인, 설계, 디자인하다
3 appearance 외모, (겉)모습, 나타남
4 scent 향기, 향내

B

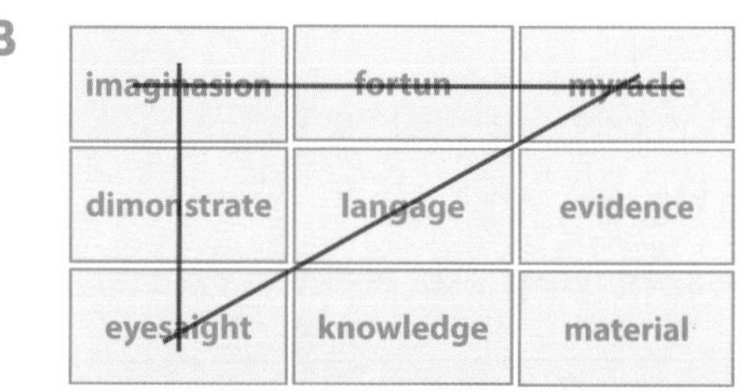

1 imagination 상상력, 상상, 착각, 창의력

2 fortune 운, 재산

3 miracle 기적

4 demonstrate 증거를 들어 보여주다, 입증하다, 시위하다

5 language 언어

6 eyesight 시력

C 1 ⓑ 2 ⓒ 3 ⓓ 4 ⓐ

D 1 display 2 materials 3 evidence
4 religion 5 knowledge 6 customs